일본선교의 징검다리

일본선교의 징검다리

초판발행일 | 2021년 5월 25일

지 은 이 | 박청민
펴 낸 이 | 배수현
표지디자인 | 유재헌
내지디자인 | 박수정
제 작 | 송재호
홍 보 | 배보배

펴 낸 곳 | 가나북스 www.gnbooks.co.kr
출 판 등 록 | 제393-2009-000012호
전 화 | 031) 408-8811(代)
팩 스 | 031) 501-8811

ISBN 979-11-6446-034-2(03330)

일본 선교의 징검다리

박 청 민

+ 　한국과 일본은 가깝지만 얼마나 다른가. 둘의 관계는 자주 갈등과 미움으로 불타오른다. 저자 박청민은 태어날 때부터 두 민족 가운데 있었다. 아버지는 일본인이고 어머니는 한국인이다. 지금은 일본인 아내와 어린 예쁜 딸과 함께 살고 있다. 그는 화목의 사신의 삶이 어떤지를 보여주고 있다. 이 책에는 깊은 통찰력과 주옥같은 글들로 가득하다. 큰 만족이 있을 것이다. 기쁘게 일독을 권한다.

유기남 선교사 (알타이선교회 대표)

+ 　한 사람의 기구한 운명을 듣는 것은 가슴 아픈 일이다. 아픔을 딛고 성공한 이야기를 듣는 것은 부러운 일이다. 하지만 아픈 과거를 딛고 아픔을 주었던 이들을 사랑하며 주님의 마음을 갖고 사는 이의 이야기를 듣는 것은 가슴 벅찬 감격이다. 저자 박청민은 벅찬 사람이다. 인생이 벅찬 사람이고, 가슴이 벅찬 사람이고, 삶이 벅찬 사람이다. 역사적 당위성이나 신앙적 성숙으로는 말할 수 없는 일본 선교를 숙명적 사랑으로 받아들이는 사람이다. 한국인 어머니와 일본인 아버지 사이에서 태어나 상처 많은 어린 시절과 사춘기를 보내고, 누가 봐도 쉽지 않을 것 같았던 그의 인생 스토리 속에 하나님이 걸어가신 발자국이 보인다. 하나님이 일본도 사랑하셨다는 흔적들 …. 함께 일본 사역을 하면서 그가 느끼는 일본에 대한 사랑과 태도는 그야말로 일본 선교를 논할 수 있는 유일한 사람이라는 생각이 들게 했다. 한국보

다 더 많은 순교자의 피가 뿌려졌음에도 아직도 부흥이 없는 유일한 땅 일본, 이 책은 일본을 사랑하는 이야기다. '원수를 사랑하라' 하신 주님의 말씀 앞에 머리 숙인 모든 그리스도인에게 추천한다.

김상권 목사 (남양주 평화교회 담임)

\+   일본인 아버지와 한국인 어머니 사이에 태어나 방황하던 그가 밉고 껄끄럽던 아버지의 나라 일본에 갔다. 거기서 하나님의 사랑을 경험하고 아버지를 용서하고 화해하자 일본 선교에 대한 소명의 문이 열렸다. 그가 한국과 일본 사이를 잇는 복음과 평화의 가교로 받은 소명에 따라 어려움을 극복하며 선교사로 서 가는 일상의 모습과 묵상들이 친근히 다가오는 선교 일기를 공개했다. 꾸밈없이 소탈하게 자기 삶을 나누는 데엔 용기와 확신이 필요하다. 선교사 박청민이 나누는 이 글에 대해 일독을 권하고 싶다.

박창수 선교사 (니가타성서학원 전임강사)

\+   이 책은 하나님께서 일본선교를 위해 박청민 선교사를 택하시고 부르시고 다듬어 가시는 이야기를 담고 있다. 일본인 아버지와 한국인 어머니를 두고 태어난 저자의 정체성 고민과 어린 시절의 아픔과 상처, 일본에서의 유학생활과 이후 선교사로 부르심을 받은 자신의 삶을 담담하면서도 정직하게 성찰하고 있다. 이를 통해 인생과 선교를 향한

추천사   5

하나님의 오묘한 섭리와 주권을 발견하게 된다. 그 어느 때보다 한일 간의 갈등이 심화되고 있는 이때에 자전적 믿음의 고백을 담고 있는 이 책이 일본 선교의 긴요한 징검다리가 되어 지기를 간절히 소망한다.

이동준 목사 (푸른나무교회 담임)

+ 깊은 오해와 편견으로 오랫동안 반목해 왔던 관계이다 보니, 양쪽 다 서로에 대해서 더 잘 알려고 들지 않는 것 같다. 그러니 일본에 대해서 잘 안다고 하는 사람들조차도 막상 일본에서 몇 해를 살고 나면 고개를 갸우뚱거리게 된다. 이렇게 달랐던가 하면서 말이다. 미움은, 상대방을 잘 안다고 확신할 때부터 생겨나기 시작한다. 실상, 일본은 우리와 참 많이 다른데… 언제까지나 이대로 평행선만 달릴 수는 없다는 것이 이곳 일본 선교사들의 우려이다. 하지만 누가 이 평행선을 꺾어 놓을 것인가? 다행히, 저자가 조심스럽게 그 키를 잡았고, 이 책이 바로 그 막중한 책임을 잘 감당해 줄 것이다.

이사야 선교사 (CSL Mission 대표)

+ 일본을 선교한다는 것은 매우 어려운 일이다. 특히 한국인이 일본을 선교하는 것에는 넘어야 할 장애물들이 너무 많다. 역사적으로 일본에게 큰 피해를 입었다는 의식이 한국인들 안에 깊이 박혀있기 때문이다. 그러나 이런 이유로 인해 한국의 그리스도인들이 일본

을 선교하는 일은 더 중요하다. 왜냐하면 이 길은 예수님께서 가신 십자가의 길, 용서의 길이기 때문이다. 저자는 이 책에서 자신의 경험과 통찰을 통해 한국이 일본을 용서하며 선교해야 한다고 매우 설득력 있게 말하고 있다. 부디 이 책을 통해 한국의 그리스도인들이 일본에 대한 악감정에서 벗어나 용서와 화해, 더 나아가 복음으로 두 민족이 하나 되는 가교 역할을 감당하게 되길 바란다.

양영모 목사 (수영로교회 청년부)

+ 지금 이 시대는 하루의 시작을 스마트폰으로 시작하고, 하루의 끝을 스마트폰으로 마무리한다. 스마트폰 시대에 예수 그리스도와 동행하기가 쉽지 않다. 나는 박청민 선교사를 통해 일기를 시작하였다. 현재 매일 일기를 쓰며 13년 만에 재발한 암을 극복하고 있다. 이제는 아침에 눈을 뜨자마자 주님 생각을 한다. 잠자리에 들 때도 내일 아침에 제일 먼저 스마트폰을 보는 것이 아닌 주님 생각을 먼저 하는 것을 기대하고 있다. 하루 중 예수님을 생각했던 순간을 기록하고, 그 순간을 지속적으로 늘려가고 있다. 박청민 선교사의 선교일기를 통해 예수 그리스도를 만나고, 함께하는 가족과 공동체가 구원받는 이적이 일어날 것이다. 이 책이 한국과 일본의 사이가 예수 그리스도로 회복되는 도구로 쓰이고, 선교의 지경을 넓히는 작은 씨앗이 되기를 소망한다.

기성준 작가 (미라클드림북스 대표, 한국강사신문 부산지사장)

CONTENTS
목차

한국인 어머니와 일본인 아버지 사이에서 태어난 혼혈인

사실 나는 한국인 어머니와 일본인 아버지 사이에서 태어난 '혼혈인'이다. 순수하지 못한 혼혈이라는 생각에 어릴 적부터 자신의 정체성에 대한 고민과 갈등이 많았다.

그런 나는, 일기를 통해 나 자신을 발견하고 새로운 정체성을 갖게 되었다. 일기는 일상에서 일어나는 자신의 경험과 생각을 표현하는 것이지만 주님의 사명에 따라 경험하고 겪은 일을 기록하는 것이 선교일기라고 말할 수 있다. 그리고 우리가 사랑할 수 없는 일본을 용서하고 선교하기 위해 기록한 것이 바로 일본 선교일기이다.

한국과 일본을 잇는 '징검다리'

일본 선교일기는 한국과 일본을 잇는 '징검다리'이다.

징검다리는 중간에서 양쪽의 관계를 연결하는 다리이다. 그러나 이 징검다리를 좋은 돌로 쌓아도 제 자리를 못 잡으

면 걸림돌이 되지만, 좋지 않은 돌이라도 제 자리를 잡으면 디딤돌이 된다. 이 책이 한일 간의 냉랭한 시기에 예수님의 사랑으로 회복되는 디딤돌이 되었으면 한다.

그리고 어느 한 사람이라도 일본선교에 관심을 가지고 일본선교에 도움이 된다면 한국과 일본의 징검다리가 된 그리스도인의 한 사람으로서 또 다른 누군가에게 일본선교의 바통을 건네주었다는 생각에 기뻐진다. 이런 마음을 담아 이 책을 출간하게 되었다.

🪶 '일본에 증오와 미움, 그리고 일본 유학'

일본인 아버지의 가족에 대한 무관심과 무책임으로 인해 일본에 대한 증오와 미움이 컸지만 2005년경에 아버지가 있는 오사카로 유학을 갔다. 오사카의 '메릭 일본어학교'에서 일본어 기초부터 공부하였고, '간사이대학(関西大学)'의 상학부를 졸업하게 되었다.

🖋 10개가 넘는 아르바이트와 일본 생활

당시 유학 생활에 필요한 생활비와 학비를 지원받고 있지 않은 상황이었다.

신문 배달을 시작으로, 편의점, 맥도날드, 박스공장, 슈퍼마켓, 일식음식점, 짐 나르기, 운전배달, 무역, 통역, 번역 등 10개가 넘는 아르바이트를 하였다. 틈틈이 학교 공부를 하면서 일본 문부성 장학금을 받았고 현지교회의 신앙생활도 열심히 하였다. 이런 다양한 일본 생활을 겪으면서 누구에게도 말하지 못한 내적 갈등과 고민, 한일 문화와 생활의 차이에서 오는 스트레스와 어려움을 꾸준히 일기로 적었다.

간사이대학을 졸업 후, 경영컨설팅 회사에서 근무하였다.

회사에서 배운 경영법과 인맥을 바탕으로 밀알이라는 회사를 설립하여 CEO 경영자로서 활동하지만, 장기간의 유학 생활로 인해 지쳐있었다. 특히 당시 현지교회와 목회자에 대한 회의감으로 몇 차례 번 아웃을 겪었다. 그때의 괴롭고 고통스러웠던 심정과 갈등을 일기로 기록해 두었다.

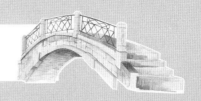

외상 후 스트레스 장애(PTSD)를 일기로 극복하다!

그 후 1년간 심각한 '외상후 스트레스 장애(PTSD)'에 시달리면서 인생에서 가장 절망적인 시간을 보내게 되었다. 우울증, 공황장애, 대인기피증으로 결국 하반신에 마비가 찾아왔다. 다행히 가족과 믿음의 동역자의 기도와 섬김으로 점차 회복할 수 있었다. 특히 이 시기에 선한목자교회 유기성 목사님의 예수님과 친밀한 동행인 영성일기 칼럼을 통해 많은 격려와 용기를 얻었다. 비록 절망적이고 고통스러운 시간을 보냈지만 매 순간 예수님을 바라보고 삶과 신앙을 되돌아보며 일기로 표현하면서 힘과 용기를 얻었다. 주님은 일본선교에 대한 사명과 비전을 붙잡게 하셔서 2014년에 '도쿄 기독교대학(Tokyo Christian University)'에 입학하여 복음주의 신학과 일본목회를 배우면서 일본선교의 사명을 확신하게 되었다. 2020년에는 동(同)신대원을 졸업 예정(Master of Arts in Theology)에 있다. 현재는 알타이 선교회에서 일본 선교사로 파송 받아서 선교 활동을 전개하고 있다.

🖋 지난 15년간의 일본 선교일기를 통해 일본을 용서해야 한다는 것을 깨닫다!

주님은 일본인 아버지의 미움과 원망을 용서와 사랑으로 바꾸어 주셨고, 지난 15년간 일본선교일기를 통해 일본을 용서하고 선교해야할 사명을 깨닫게 하셨다. 그러나 한일의 관계가 냉랭해 가는 모습을 볼 때 안타까움이 큰 요즘이다. 특히 1919년 3월 1일은 일본의 식민지배속에서 나라를 되찾기 위해 "대한민국 만세"를 외치면서 목숨을 내던지고 독립운동을 한 날이다. 그로부터 100년이 지난 2019년은 그 어느 때보다 반일감정이 드높다. 이제는 일본 불매운동으로 불씨가 번져서 정치, 사회, 문화, 언어의 영역까지 확산되어지고 있다.

이러한 분위기 속에서 한일관계의 회복과 용서를 위해 앞장서고 계신 일본인이 있다. 그분의 이름은 '오야마 레이지 (尾山令仁)' 목사님이다. 예전에 이분의 사죄운동 집회에 참석한 적이 있었는데, 아흔 살이 넘은 오야마 목사님은 집회 내

내 두 손을 모으고 낮고 쉰 목소리로 한결같이 이야기하고 있는 것이 있었다. 그것은 일제식민지 때의 침략과 수탈, 신사참배 강요에 대한 용서, 그리고 제암리교회 학살 사건에 대한 사죄와 참회였다.

특히 제암리교회 학살사건의 생생한 이야기와 간증을 전해주셨다.

이 사건은 1919년 4월 15일, 경기도 화성 지역에 3.1운동에 가담한 제암리 주민 20여 명을 교회에 가둔 뒤에 무차별로 총살하였다. 오야마 목사님은 1963년에 제암리교회를 방문한 뒤부터, 일본교회와 지도자들에게 이 사건을 소개하면서 사죄운동을 전개하고 있었다. 또한 제암리교회와 제암리 3.1운동 순국 기념관을 재건하기 위한 모금도 하였다.

지난 50여 년간 사죄운동을 하면서 늘 다음과 같이 말을 반복한다.

"일본 정부와 정치인들은 역사적 사실을 외면하고 용서를 구하고 있지 않습니다. 그러나 지난날의 잘못을 사죄하는 일본 그리스도인이 있다는 것을 한국 사람들이 기억해주길 바랍니다."

한일의 역사적인 사실과 민족적 감정으로서는 화해와 용서하기 힘들다. 그러나 이런 일본 그리스도인을 보면서 일본과 일본인에 대한 마음이 달라지는 것을 느낀다. 일본을 용서하고 선교할 때라는 생각이 든다. 이것이 나라를 사랑하는 정신이고 현재 국제정세를 보아서도 서로의 국익에 절대적 도움이 되기 때문이다. 지금까지 한국과 일본의 징검다리가 된 한 사람으로서 이 글을 읽는 모든 사람이 십자가의 사랑으로 일본을 용서하고 사랑하는 성숙한 대한민국 국민이 되었으면 한다.

모든 영광 하나님께 올려드리며 이 책이 세상에 나올 수 있도록 도움을 주신 '미라클 드림북스' 기성준 대표님, 그리고 묵묵히 옆에서 기도하고 섬겨준 사랑하는 아내와 예쁜 딸, 사랑이에게 감사드린다.

- 주님이 하셨습니다!

제1부

나는 한일 혼혈인입니다

01 나는 한국인인가? 일본인인가?

🖋 놀라운 계획을 가지고 이끄시는 하나님!

보통 혼란한 사회일수록 거짓 정보와 가짜 뉴스가 넘쳐나기 마련이다. 거짓이 진짜같이 진짜가 거짓같이 속고 속이는 현실 속에서 누구나 휘둘리기 쉽다. 때로는 사회 부조리와 시스템의 희생자가 된다. 이런 현실의 삶에 더 이상 희망이 없고 깊은 절망에서 탄식만 하고 있을 뿐이다. 그래서 저마다의 분명한 가치관과 신념을 지니려고 애를 쓰며 자신의 인생에 주인은 바로 '자기 자신'이라고 아우성친다.

이런 사회적 흐름과 가치관을 거스르는 것이 있다면 바로 믿음이다. 사실 보이지 않는 일에 확신을 가지는 것은 종종 수많은 비판과 비난을 받는다. 모든 일이 하나님의 인도하심과 계획이라고 믿는 사람이 몇이나 될까!

그러나 일상생활에서 도저히 이해할 수도, 설명할 수 없는 일들을 많이 접하게 된다. 특히 자신의 삶이 어떻게 바뀌었는지 그리고 앞으로 어떻게 살아갈 것인지 자기체험의 이야기는 호기심을 자극한다.

하나님이 가지고 계신 많은 계획 가운데, 나를 두고 세우신 계획이 있으면 반드시 이루고야 마시겠기에(새 번역 욥기 23:14)

잠시 나의 인생을 되돌아보았다. 한일의 혼혈인으로 태어나 정체성의 혼란을 겪으면서 내면적인 고민과 갈등이 많았다. 나는 한국인일까 아니면 일본인일까, 하나님은 왜 나를 태어나게 하셨을까, 과연 하나님은 정말 살아 계시는 것일까, 하나님이 살아 계신다면 왜 나는 이런 삶을 사는 것일까 등 오랫동안 내적 갈등과 고민으로 방황하였지만, 분명히 나의 삶은 예수님으로 인해 바뀌었고 남은 삶도 주님을 위해 살아가고 싶은 간절함이 있다.

하나님은 자신의 재미를 위해 주사위를 던져대듯 세상과 삶을 정하지 않으셨다. 특히 창조 전부터 나를 위한 놀라운 계획을 가지고 이끄신다. 이것은 나뿐만이 아니라 모든 인간에게 해당하는 부분이다. 따라서 나는 오늘도 주님의 계획을 기대하면서 산다.

🪶 나는 왜 이렇게 태어났는가?

나이가 들면 들수록 그에 걸맞은 형편이 되면 안심이 될 텐데 좀처럼 나아지지 않는 상황을 보면 낙심할 때가 간혹 있다. 그때마다 나는 왜 이렇게 태어났는가, 언제까지 정체성의 문제로 갈등하며 살아가야 하는가, 정말로 나에 대한 주님의 계획이 있는 것인가라는 의문이 생긴다.

복잡한 생각이 들면 들수록 약속의 말씀을 붙잡아야 하지만 불만족스러운 자신의 삶에 깊은 탄식만 나온다. 믿음의 경륜으로 오래되었지만 믿음의 깊이와 인격의 그릇이 삶에 잘 녹아지지 않아서 답답하기만 하다. 그래서 속상한 감정이 터져 나오는 요즘이다.

감정이란 주위의 환경과 사람들 사이에 일어난 일들에 따라 반응한다.

생각했던 일이 잘 풀리고 좋은 성적의 결과를 얻거나 칭찬을 들으면 기분이 좋아진다. 그러나 일은 점점 꼬여서 상황이 잘 풀리지 않을 때는 화가 난다. 그때 감정이 상했으면 어떤 위로와 격려의 말도 들리지 않는다.

이런 감정은 자신이 느끼는 것에 대해 다양한 정보를 주지만 감정에 따라 성급하게 말하거나 행동해서는 안 된다. 이

나는 한일 혼혈인입니다

성적으로 상황을 판단하지 못해서 타인에게 큰 상처를 줄 수 있기 때문이다. 그래서 자신의 모습을 되돌아볼 수 있는 일기를 통해서 자신이 왜 이런 감정이 드는가, 그 원인은 무엇인가를 점검할 수 있다.

그래서 나는 왜 이렇게 태어났느냐는 생각과 감정에 대해 잠잠히 묵상해보았다. 일본인 아버지와 한국인 어머니 사이에서 태어난 혼혈인으로 순수하지 못한 부정적인 의식이 자리 잡고 있었다. 그러나 이것은 주위의 상황이나 남들과 비교해서 생긴 감정이었고, 자신이 얼마나 열등한지 착각하게 만드는 것이었다. 나의 가치의 판단 기준은 타인과 상황이었다.

그러나 하나님은 양쪽으로 가르는 담을 허무시고, 그리스도 안에서 온전한 평화를 이루셨다. 모든 원수된 것을 십자가로 사랑하시고 화해하게 하셨다. 따라서 주님은 이렇게 살아가야 하는 이유가 있다고 분명히 말씀하신다.

비록 혼혈인으로 태어났지만, 한국과 일본을 잇는 징검다리의 역할을 하라는 것이다. 더 이상 한국인인가 일본인인가에 대한 정체성의 문제로 고민하지 말고 단지 오늘 하루를 살아갈 이유와 목적을 분명히 하라고 하신다. 한국과 일본은 서로를 사랑할 수는 없지만, 예수님의 사랑으로 그 벽을 허물라고 하는 것이다. 하나님께서 우리를 용서하신 것처럼 우리도 서로를 용서해야 하지 않을까.

> 모든 악독과 격정과 분노와 소란과 욕설은 모든 악의와 함께 내버리십시오. 서로 친절히 대하며, 불쌍히 여기며, 하나님께서 그리스도 안에서 여러분을 용서하신 것과 같이, 서로 용서하십시오.(새 번역 에베소서 4:31-32)

🖋 주님! 저는 도대체 누구인가요?

하나님이 한국인으로 태어나게 했다면 한국인의 개성과 정체성을 잊어버리지 말아야 하며, 일본인으로 태어나게 했다면 굳이 한국인이 되려고 애쓰지 말라고 하신다. 중요한 것은 민족과 신분의 구분이 아니라 하나님의 부르심에 순종하고 말씀을 지키면서 사는 삶이다. 예수님을 믿는 사람의 정체성은 민족과 신분을 초월한 그리스도인이며 서로를 갈라놓은 담을 헐어서 둘이 하나로 잇는 징검다리일 것이다.

> 그리스도는 우리의 평화이십니다. 그리스도께서는 유대 사람과 이방 사람이 양쪽으로 갈라져 있는 것을 하나로 만드신 분이십니다.(새 번역 에베소서 2:14)

나는 한일 혼혈인입니다

그러나 자신을 바르게 이해하지 않고 선교 현장에 나가는 것은 대단히 위험하다.

그래서 자신이 어떠한 삶을 살아왔는지, 지금까지 형성된 자신의 기질과 성격은 어떠한지, 어떤 재능과 장점이 있는지, 심리적 육체적으로 건강한지를 점검해야 한다. 신대원의 목회 수업에서도 어느 일본인 교수님이 이야기하셨다.

"목회자가 자기 자신을 이해하지 않고 선교 활동하는 것은 자살행위와 같습니다."

선교 현장에 나가기 전에 자기 이해가 얼마나 중요한지를 깨닫게 되었고 몇 가지 점검 사항을 통해 자신을 되돌아보았다.

'자신이 무엇을 좋아하고 싫어하는가?'
'나는 어떠한 상황에서 분노하는가?'
'나는 무엇에 기뻐하고 슬퍼하는가?'
'자신의 서툰 감정은 무엇인가?'
'왜 그렇게 생각하는가?'

온종일 나에 대해 탐구해 보았다.

그래서 2005년부터 적어온 수첩과 일기장을 읽어보면서 지나온 인생의 흔적을 훑어보았다. 그러나 파편처럼 흩어진 글들을 정리하는 것도 힘들었고 적절한 언어로 표현하고 이해하는 것도 대단히 어려웠지만, 나를 이해할 수 있는 몇 가지 힌트가 있었다.

기본적으로 자기 이해는 부모와의 관계에서 해답을 발견할 수 있다.

왜냐하면 부모의 사소한 말과 행동이 어린아이에게는 큰 충격과 트라우마로 남기 때문이다. 의도하지 않게 부모가 뿌린 감정의 씨앗은 아이의 무의식 속에 자라서 좋고 나쁜 인격의 열매를 맺게 된다. 혹시 그 부정적인 감정을 제거하거나 극복하려고 하면 할수록 더 강하게 드러나기 때문에 그 감정을 그대로 받아들이는 것이 중요하다.

나는 늘 뭔가 열심히 준비하고 노력하며 책임감이 강한 편이지만 목표성취에 대한 큰 만족감이 없다는 사실을 알았다. 때로는 수준 높은 목표를 이루기가 힘들다고 판단되면 쉽게 포기하는 경향이 있었다. 또한 누군가가 이런 나를 비판한다고 느껴지면 심하게 분노하고 저항하기도 하였다. 아마도 가정에 무책임한 아버지에 대한 거부감과 거절감에서 비롯된 것 같다.

그리고 자신의 감정표현에 서툴러서 상대방의 요구를 잘 거절하지 못한다. 주위 사람들로부터 인정을 받아야 안심이 되기 때문에 뭐든지 열심히 노력하는 경향이 있다. 이것은 성격과 개성이 강한 어머니로부터 형성된 성격이었다. 어쩌면 많은 사람에게 인정받고 싶고 칭찬받고 싶은 욕구 형성이 여기에 있을 수도 있겠다는 생각이 들었다.

'주님! 저는 도대체 누구인가요?'

나란 사람에 관해 탐구하면 할수록 복잡하고 해답이 없다는 사실을 깨닫지만, 오히려 간절해지는 마음이 있었다. 그것은 주님이 기뻐하는 삶으로 살고 싶다는 마음이다. 이제는 정체성의 고민과 갈등의 마침표를 찍고 그리스도인의 한 사람으로서 일본선교에 징검다리가 되길 기도해 본다.

✿ 그리스도인으로 커밍아웃

누구나 자신의 삶을 변화시키고 싶어 한다.

서점에서 가장 눈에 띄는 분야도 커뮤니케이션, 시간관리, 인간관계, 대화법, 정리기술 등 실제로 가장 많이 팔리는 책이 자기 계발서이다. 다양한 분야에서 자기 성장과 변화를 갈망하고 있기 때문이다. 나도 삶의 놀라운 변화를 경험한 사람을 보면 부러워진다.

그러나 나는 혼혈인이라는 정체성에 늘 열등감을 가지고 있었다.

혼혈이란 다른 인종 간의 피가 섞인 순수하지 못한 부정적인 의미로 받아들였기 때문이다. 그래서 남들과는 다른 모습으로 자신의 존재와 가치를 증명하려고 부단히 노력했지만, 빈번히 실패와 좌절만 하였다. 그렇지만 예수님을 믿었던 어머니의 영향으로 자연스럽게 신앙생활을 하게 되었고, 예수님이 믿어지면서 일본인 아버지에 대한 미움과 원망이 사라졌다. 그뿐만 아니라 일본을 용서하고 선교하는 놀라운 변화가 있었다.

지금까지 그리스도인으로 살면서 주위 사람들보다 말과 행동이 제한받거나 늘 정직하고 거룩하게 살아가야 한다는 부담감이 있었다. 그리고 교회 일로 하고 싶은 것도 하지 못해서 답답하였다. 때로는 주님이 세상에서 자신이 그리스도인으로 커밍아웃하는 것에 큰 도전과 용기를 요구하였다. 누군가에게 "비록 저는 혼혈인이지만, 예수님을 믿는 그리스도인이기도 합니다. 그래서 저는 성실하고 정직하게 말하고 행동하려고 노력합니다. 남이 보지 않더라도 성실하게 일을 합니다. 저를 지켜보면 알게 될 것입니다." 라고 이야기한 적도 있었다.

그러나 주위 사람들이 그리스도인을 보는 시선이 매우 냉랭하였기 때문에 나를 불편해하는 분들도 있었다. 그럴 때마다 자신이 그리스도인이라는 정체성을 밝히는 것이 곤혹스럽기까지 하였지만, 주님은 늘 신실한 믿음의 사람들을 주목하셨다. 성경에서도 노아, 아브라함, 모세, 기드온, 삼손, 사무엘, 다윗, 바울, 디모데 등. 믿음으로 나라들을 정복하고 정의를 실천하고 축복의 약속을 받았다. 때로는 조롱을 받기도 하고, 채찍으로 맞기도 하고, 심지어는 순교하기까지 하였지만, 그들은 하나님을 믿는 믿음으로 살아갔다.

99%가 넌 크리스천인 일본 사회와 문화 속에서 살면서 그리스도인으로 커밍아웃하는 것에 대단한 용기가 필요하다. 그들과 다름이라는 표현은 보이지 않는 차별과 냉대를 받기 때문이다. 그렇지만 그리스도인으로서 성경의 말씀에 따라 믿음으로 살아가느냐, 그렇지 않으냐가 매우 중요한 삶의 기준이라면 오직 주님이 주시는 용기와 지혜를 붙잡고 당당하게 살아가야 할 것이다.

언제까지 자신의 모습을 감추고 살아야 하나?

요즘은 여러 채널을 통해서 신중하게 나의 모습을 오픈하고 있다.

물론 주님이 주시는 마음이라고 생각하지만, 사람들에게 다양한 시그널이 되리라 본다. 얼마 전만 해도 자신의 SNS을 통해서 여러 활동사진과 글을 쓰는 모습이 자신감 있게 보여서 부러운 적도 있었다. 대부분 저마다 현재 무엇을 하고 있는지, 개인적인 취미와 관심사는 무엇인지, 그리고 자기 생각을 표현하며 비평을 하는 글도 많이 보았다.

그러나 나는 그렇게 하지는 못했다. 솔직히 하고 싶지만 할 용기가 생기지 않았다.

그냥 누군가 올려놓은 사진에 '좋아요'를 보내거나 누군가와 함께 찍은 사진에 태그가 될 정도였다. 왜냐하면 다른 사람들에게 나의 모습을 오픈하는 것이 매우 부담스러웠기 때문이다.

2013년은 나의 인생에서 가장 절망적이고 침울한 시간을 보냈다.

일 년 동안 한국에서 요양 생활을 하면서 외상 후 스트레스 장애(PTSD)를 겪었기 때문이었다. 공황장애, 우울증, 대인기피증. 결국에는 하반신의 마비가 되기도 하였다. 혼자 있으면 답답하고 누군가를 만나면 부담스러웠다. 어떻게든 회복하려고 치열한 몸부림을 쳐보았지만, 가족들조차도 도움이 되지 않았다.

어느덧 6년이라는 시간이 지나 그때를 회상해보면 모든 것을 주님이 인도하셨다는 고백이 되었다. 아픔과 고통의 시간만큼 주님을 더 간절히 찾게 되었고 삶을 바라보는 시점이 바뀌었기 때문이다.

그러나 여전히 해결되지 않는 고민이 있었다.
그것은 언제까지 나의 마음과 모습을 감추고 살아가야 하나. 문득 예전에 어느 목사님의 칼럼의 내용이 떠올랐다.

"다른 사람들에게 마음을 여는 것은 자신의 벌거벗은 모습을 보이는 것 같이 두렵다. 그러나 정말 두려워해야 할 것은 마음이 드러나는 것이 아니라 마음을 감추고 사는 것이다. 주님은 중심을 보신다고 했으며 예수님은 우리 마음에 오셨다고 했다. 그렇다면 주님은 우리 마음을 다 알고 계신 것이다."

우리가 정말 두려워해야 할 것은 자신의 마음을 감추고 사는 것이라는 말에 큰 충격을 받았다. 내 안에 계신 예수님을 정말로 믿는다면 주님은 나의 모든 마음을 알고 계신다는 것이다. 따라서 그 마음을 신중하고도 솔직하게 드러내며 살아야 하지 않겠는가. 순간 주님은 복음의 빛으로 내 마음을 비추어서 마음속의 좌절과 두려움, 실패, 정욕의 문제를 오픈할 용기를 주셨다. 그래서 일본선교 일기를 쓰기 시작하였다.

늘 예수님과 친밀한 동행을 하지 않고 선교 활동을 꾸준히 성찰하지 않는다면, 나도 언제든지 타락할 가능성이 있는 것을 안다. 따라서 선교 활동의 가장 기본인 선교일기를 꾸준히 적는 습관을 게을리 하면 안 될 것이다. 언젠가 누군가가 이 선교일기를 읽는다면, 일본을 용서하고 선교했던 그리스도인의 한 사람으로 전해지길 소망한다. 그러나 어디까지나 개인적으로 주님과의 친밀한 관계 속에서 주신 은혜이기 때문에 누군가에게 거부감과 비판을 받을 수 있을 것이지만 혹시 어느 한 명이 일본선교에 관심을 가지고 일본선교에 도움이 된다면 한국과 일본의 징검다리가 된 그리스도인의 한 사람으로서, 또 다른 누군가에게 일본선교의 바통을 건네주었다는 생각에 기뻐진다.

🪶 내면적인 상처

인간관계에서 상처를 받을 때면 마음속에 끊임없이 퍼지는 부정적인 생각과 감정이 있다. 힘들다, 고통스럽다, 짜증난다, 화난다, 실증난다 등 다양한 반응을 보인다.

종종 예상외의 상황과 문제로 성을 내거나 그동안 참고 억눌렀던 감정을 터뜨리게 되면 많은 사람들에게 심각한 상처와 실망을 준다. 이런 반응은 대부분 마음의 상처와 깊은 관련이 있다.

어떻게 하면 마음의 상처를 해결할 수 있을까, 자신의 내면적인 상처에 대한 고민이 깊어진다. 인간관계에서 의도하지 않게 상처를 주고받고 있기 때문이다. 이렇게 상처받기 쉬운 마음을 직시하는 것이 정말 힘들었지만, 내면적인 문제의 해결을 위해 주님을 잠잠히 바라보았다. 순간 가정에 무책임했던 일본인 아버지에 대한 미움과 원망이 내면적인 상처가 된 것을 보았다. 도저히 용서할 수도 사랑할 수도 없었던 존재가 일본인 아버지였기 때문에 일본과 관련된 모든 것이 싫었다. 역사적, 정치적으로 그들의 발언과 행위는 도저히 용납할 수 없는 것들뿐이었다.

하지만 용서는 가끔 발생하는 행위가 아니라 지속적으로 우리가 지녀야 할 태도이고 그리스도인이 된다는 것은 용서할 수 없는 일을 용서한다는 뜻이다. 하나님이 당신의 용서할 수 없는 죄를 모두 용서하셨기 때문이다. 모든 상처의 해결은 오직 용서뿐이라는 사실을 깨닫는다.

어쩌면 그리스도인의 삶은 용서의 삶이라는 생각이 들었다. 물론 자신이 용서를 구할 때도 있고 용서를 받을 때가 있지만, 중요한 것은 기분이나 감정으로 용서하는 것이 아니라 의지적인 결단과 순종으로 해야 한다는 것이다. 요동치는 감정과 흐트러진 생각 속에서도 십자가의 보혈로 인해 나의 모든 죄와 허물을 용서했다면, 끊임없이 용서하고 사랑할 수 있다. 도저히 용서할 수 없는 사람도 말이다. 비록 내 마음에 순수하지 못한 혼혈인이라는 상처와 일본인 아버지에 대한 미움과 증오가 가득하였지만, 십자가의 사랑으로 회복될 것이라는 확신이 들었다.

나는 그리스도와 함께 십자가에 못 박혔습니다. 이제 살고 있는 것은 내가 아닙니다. 그리스도께서 내 안에서 살고 계십니다. 내가 지금 육신 안에서 살고 있는 삶은, 나를 사랑

하셔서 나를 위하여 자기 몸을 내어주신 하나님의 아들을
믿는 믿음 안에서 살아가는 것입니다.(새 번역 갈라디아서 2:20)

🪶 억눌린 감정과 분노

분노는 억눌린 감정을 지나치게 억제하거나 해소하지 못
했을 때 표현되며 심하면 화병이 된다. 아무리 건강한 사람
도 이 화병을 잘 해소하지 못하면 결국 공황장애, 우울증,
뇌졸중, 심근경색증으로 이어져 죽음에 이른다. 물론 분노
는 불의에 맞서거나 정의의 파도처럼 변혁과 개혁, 새로운
동기부여의 원동력으로 사용할 수도 있다. 이런 분노는 야
누스의 얼굴처럼 자연스러우면서 폭력적인 감정이다.

'정말 화나고 답답해서 죽겠구나!'

최근에 여러 가지 일들로 마음에 이글거리는 분노를 느낄
수가 있었다.

신학 공부의 중압감과 선교 활동의 어려움, 진로의 불확실
등으로 속상해 있던 와중에 일본교회에서 일어난 문제와 갈
등을 보면서 말할 수 없는 분노가 치밀어 올랐다. 특히 일본
선교를 위해 자신의 삶을 아낌없이 드리면서 앞장섰던 사람
들마저 이기적으로 변한 모습에 화가 났다. 일본선교의 필

요성을 주장하며 일본교회 회복을 위해 외치고 있지만, 완고하고 고집스러운 모습은 여전하였다. 특히 타인의 문제와 잘못에 대한 지적은 잘하지만, 타인으로부터의 비난과 비평에 변명과 핑계를 대는 모습에 회의감마저 들었다.

문득 주님께 자주 책망을 받으면서도 고집을 부리는 사람들은 갑자기 닥쳐오는 문제와 재앙을 만나면 순식간에 무너질 수 있다는 사실을 상기시켜 주셨다. 매 순간 자신의 삶을 정직하게 오픈하지 않는다면 누구든지 타락할 수 있는 존재라는 생각이 들었다. 그러나 이렇게 억눌린 감정과 분노를 어떻게 해결할 수 있을까. 지금이라도 옳고 그른 것을 여러 가지로 따져 판단할 수도 있고, 비판하고 싶은 생각과 말들을 수십 장의 종이로 쓸 수도 있지만, 주님은 다음과 같이 말씀하신다.

> **그러므로 남을 심판하는 사람이여. 그대가 누구이든지, 죄가 없다고 변명할 수 없습니다. 그대는 남을 심판하는 일로 결국 자기를 정죄하는 셈입니다. 남을 심판하는 그대도 똑같은 일을 하고 있기 때문입니다.**(새 번역 로마서 2:1)

남을 비판하면서 자신에게는 그런 비판받을 만한 것이 없는지 되돌아보라는 것이다. 억눌린 감정과 분노조차도 주님께 맡겨드리고, 그것들을 온전히 치유해 주실 주님을 신뢰하라고 하셨다.

그리고 자신이 옳다고 생각하는 것에 집착하지 않는지 되돌아보게 하셨다.

얼마 전에 어느 사람 때문에 실망한 일본인 형제가 찾아와서 상담하였다. 상대방이 너무 밉고 '어떻게 그럴 수 있느냐' 라며 하소연을 하였다. 그의 입장을 충분히 공감하였고 이해가 되었다. 그러나 한 가지 빠져 있는 것이 있었다. 바로 주님의 마음이었다. 자신이 맞고 상대방이 틀려서 옳고 그름의 문제가 자신에게 있다면 다툼과 분열의 원인이 된다. 완벽주의, 자기애, 자기 의는 모두가 다 자기가 생각하기에 옳다는 것이 죄라고 하였다.

그 때에는 이스라엘에 왕이 없었으므로, 사람들은 저마다 자기의 뜻에 맞는 대로 하였다.(새 번역 사사기 21:25)

그래서 그 형제에게 주님의 십자가 사랑을 전해주었다. 이해할 수 없는 십자가의 사랑을 이 기회를 통해 주님의 사랑을 실천하길 권했다. 나 역시도 두려움과 염려, 분노의 감정으로 괴로운 밤을 지새우고 있지만 주님의 사랑을 실천할 수 있도록 기도하였다.

🪶 자신의 무능함을 감추기 위한 분노

오늘은 헤롯의 분노에 대해 묵상하였다.

그는 동방박사로부터 유대의 메시아 탄생의 소식을 들은 후 심하게 분노하였다. 이것은 자신의 권력과 기득권이 빼앗길 수 있다는 두려움과 함께 분노하고 있었고, 결국 헤롯의 분노로 인해 베들레헴에 있는 2살 이하의 아기들을 죽여 버렸다.

이 분노는 가인이 아벨을 죽일 때의 감정과 같았다.

주님은 아벨의 제사를 받으시고 가인의 제사를 받지 않았다는 사실에 심하게 분노하였다. 결국에 가인은 동생 아벨을 죽여 버렸다. 이러한 무서운 질투심과 증오심은 비참한 결과로 이어지게 마련이다. 그렇다면 나는 과연 다른 사람을 시기하거나 분노한 적은 없었는가, 혹시 내 뜻대로 상황이 풀리지 않아서 주님께 분노한 적이 없었는가 곰곰이 되돌아보았다.

나 역시 사람들 앞에서 자신의 약함과 무능함을 감추기 위해 분노로 표현한 적도 있었고, 내 생각대로 의도대로 풀리지 않는 문제에 대해 성을 내거나 비판하기도 하였다. 물론 건강한 비판도 필요하지만, 대부분이 깨어지지 않는 자아와 이기심으로 인한 것이었다. 그러나 가장 두려운 것은 겉으

나는 한일 혼혈인입니다

로 표현하지는 않았지만, 치밀어 오르는 분노를 주체할 수 없어서 품었던 마음이다.

'마음의 중심을 보시는 주님을 어떻게 속일 수 있을까?'

어떤 일이든지 최선을 다해 노력하지만, 인정과 칭찬을 받지 못해서 속이 상한 일, 생각처럼 잘살아지지 않는 현실로 분노했던 일, 나의 무능과 잘못으로 다듬어지지 않는 인격과 성질을 드러냈던 일, 자신의 정당성과 합리성을 떼를 쓰며 주장했던 일 등이 떠올랐다.

그러나 주님은 약하고 부족한 사람에게 긍휼을 베푸시고, 자신의 무능과 약함을 인정하는 사람에게 지혜와 용기를 주시는 분이 아니던가. 내가 좌절하고 절망하고 있을 때 하나님을 더 의지하게 되지 않았던가. 주님과 사람 앞에서 자신의 모습을 정직하게 오픈할 때 위로를 받은 적이 얼마나 많았던가.

그런데 하나님께서는 지혜 있는 자들을 부끄럽게 하시려고 세상의 어리석은 것들을 택하셨으며 강한 것들을 부끄럽게 하시려고 세상의 약한 것들을 택하셨습니다.(새 번역 고린도전서 1:27)

더 이상 나의 부족함과 무능함을 감추려고 포장하거나 상황과 관계의 탓으로 돌리지 않도록 간절히 기도해 본다. 비록 깨어지고 부서진 그릇이지만 그 속에 담긴 보물의 빛은 금이 간 틈으로 더 환하게 비칠 것이다. 마찬가지로 연약하고 허물이 많은 인생이지만 그 속에 계신 예수 그리스도를 온전히 바라본다면 그 영광의 빛이 환하게 드러내는 삶이 되리라는 확신이 든다.

🖋 나는 왜 이런 모양일까?

감정표현이 서툰 나에게 가장 큰 고민과 갈등은 왜 남들처럼 말을 잘 못 할까, 왜 타인과 대화하는 게 부담스러울까, 어떻게 하면 남들과 즐겁게 대화를 할 수 있는지였다. 늘 나를 고통스럽게 하는 부분이기도 하였다.

누구나 소통의 중요성과 필요성은 잘 알지만, 같은 말을 어떻게 표현하느냐에 따라 상대방의 반응과 태도가 달라진다. 여러 회의에서 다양한 의견을 잘 조율하지 못해 분쟁이 생겨서 몇 날 며칠이고 잠을 자지 못한 적이 있었고, 말 한마디로 오해와 갈등이 생기고 본의 아니게 상처를 주고받고 싸우기까지 한 적도 있다 보니 이런 고민은 날이 갈수록 열등감으로 바뀌어 갔다.

그래서 내 생각과 감정을 논리적으로 표현하려고 많은 노력을 하였다.

매끄러운 기승전결의 말의 전개하기 위해서 대화법, 변증법에 관련된 책도 많이 읽었고, 연필을 입에 물면서 발성 연습을 하거나 톤을 높여 보기도 하였다. 매일 아침에 일어나서 발성 연습을 해 보기도 하고, 녹음해서 말을 들어보면서 사투리를 고쳐 보기도 하였다. 어떨 때는 책의 문장과 내용을 통째로 외워서 상대방에게 사용해 보기도 하였다. 그러나 이런 노력과 훈련에도 불구하고 정반대의 결과가 나타나서 실망하고 좌절하곤 하였다.

여전히 자기 생각과 의견을 잘 표현하지 못해서 아쉽고 때로는 남들과 비교되어서 속이 상한다. 특히 동기생이 교수들과 논쟁을 하면서 전체 분위기를 이끌어가는 모습을 보면 나는 도대체 뭐 하는 건가라는 자괴감마저 들었다.

이런저런 생각으로 마음이 괴로울 때, 주님은 내가 깨닫지 못한 것을 말씀해 주셨다. 내가 열심히 노력했지만 보상받지 못해서 오는 낙심과 남들과 비교될 때 찾아오는 좌절감도 "상관없다!"고 하신다. 주님은 나의 낙심과 좌절도 상관없이 여전히 나를 사랑하고 계셨고, 내가 실수하고 실패해도 상관없이 나와 함께 하고 있다는 사실이다.

이런 능변에 대한 욕심은 남들과 비교해서 생긴 열등감이며, 남들보다 조금 잘한다고 해서 우쭐거림은 우월감이었다. 이러한 열등감과 우월감이 늘 자신을 괴롭히고 있었다. 주님은 남들보다 말을 잘하기 위해서 어떻게 하면 대화의 기술을 잘 익힐까라는 관심에서, 과연 '주님이라면 어떻게 하셨겠느냐'는 관점으로 바꿔 주셨다. 이제는 말을 잘하고 싶은 욕심에서 벗어나 예수님의 마음으로 이야기하는 것에 집중하고 싶다.

🪶 정말 인정받고 싶었다.

어린아이의 마음은 정말 순수하다. 물론 때때로 투정도 부리고 떼를 쓰기도 하지만, 있는 그대로 보고 듣고 말하기 때문이다. 그러나 어린아이는 부모의 보살핌과 돌봄이 없으면 살아갈 수 없는 존재이다. 그래서 어린아이는 오직 부모를 바라보면 믿고 의지하는 것이다. 예수님도 천국이 이런 어린이들의 것이라고 말씀했던 것처럼 우리가 어린이와 같은 마음과 자세로 살아간다면 늘 천국을 사는 것과 같을 것이다.

그러나 예수께서 말씀하셨다. "어린이들이 내게 오는 것을 허락하고, 막지 말아라. 하늘나라는 이런 어린이들의 것이 다."(새 번역 마태복음 19:14)

그러나 온종일 '어린아이'라는 단어에 마음이 무거워졌다. 어린 시절의 상처와 아픈 기억들이 함께 떠올랐기 때문이었다. 나는 어린 시절 아버지와 함께 살지 못했고, 일 년에 두세 번 정도 얼굴을 볼 정도였다. 아버지와 함께한 추억보다는 잠시 집에 있다가 일본으로 떠나는 아버지의 뒷모습에 운 적이 많았다. 그런 아버지의 무책임한 모습을 닮고 싶지 않아서 자신을 채찍질하면서 실수하지 않으려고 노력하였다.

그리고 세상 일, 주님 일의 충성으로 삶의 치열한 현장에서 바쁜 어머니에게 충분한 사랑을 받지 못했다는 느낌이 있다. 어머니가 새벽예배를 가서 혼자 집에 있으면 무서웠다. 그래서 교회로 가는 어둡고 먼 길을 엉엉 울면서 쫓아간 적도 있었지만, 의도하지 않게 40일 새벽기도에 참석해서 표창장을 받기도 하였다. 그래서일까! 부모에게 받지 못한 사랑과 관심을 다른 사람의 인정과 칭찬으로 채우려고 하였다. 그래서 뭐든지 열심히 성실하게 노력하는 자세가 몸에 밴 것이다.

그리고 어린 시절부터 하기 싫은 것도 남들이 부탁하면 해야만 했었고, 하고 싶은 것도 남들이 원하지 않으면 하지 않았다. 그런 모습에 주위 사람들이 많은 칭찬을 해주어서 나는 꽤 착한 사람이라고 생각하였다. 단지 누군가에게 나의 존재와 가치를 인정받고 싶었을 뿐이었다.

어린 시절부터 이런 마음과 자세가 굳어져서 정말로 내가 무엇을 하고 싶고 무엇을 원하고 있는지 잘 몰랐다. 단지 남들이 원하고 요구하면 그것들을 만족시키면 충분하다고 생각하였다. 그러나 남들이 기대하는 삶을 살지 못했다면 큰 좌절과 낙심을 하게 되었을 것이다. 대학 진학에 실패했을 때, 유학생활에 좌절했을 때가 그렇다.

하지만, 매 순간 예수님과 친밀한 관계에 눈이 뜨이면서 내면적인 상처를 바라볼 수 있게 되었고, 천천히 회복할 수 있었다. 이제는 타인보다는 주님이 원하시고 기뻐하시는 일이 무엇인지 생각하고 행동하기 시작하였다. 그리고 어느덧 주님은 어린 시절의 내면적인 상처를 회복과 사명의 기도제목으로 바꾸어 주셨다.

'주님! 말할 수 없는 은혜와 사랑으로 늘 품어주시니 감사합니다. 어린 시절부터 뒤틀어진 마음과 열등감, 상처를 온전히 치유하여 주소서. 언젠가는 이러한 상처들을 십자가의 도구로 사용하게 하소서. 주님 사랑합니다. 아멘!'

03 과연 가족이란 무엇일까?

가족이란 무엇일까?

가족이란, 서로가 힘들고 어려울 때 고난을 함께 나누고 돕고 섬기는 관계라고 생각한다. 그것이 성경의 가르침이기 때문이다.

> **사랑이 언제나 끊어지지 않는 것이 친구이고 고난을 함께 나누도록 태어난 것이 혈육이다.**(새 번역 잠언 17:17)

그러나 현실은 어떤가. 실제로 가족들이 더 힘들고 어렵게 하는 경우가 많다. 우리 가족들도 마찬가지이다. 저마다 힘들고 어렵다고 아우성을 칠 때마다 내가 무엇을 어떻게 돕고 섬겨야 할지 막막하고 답답하기만 하였다. 단지 가족들을 위해 기도할 뿐이다.

현재 우리 가족은 뿔뿔이 흩어져 살고 지낸다.
오랫동안 떨어져 살다 보니 서로의 입장과 상황이 쉽게 이해되지 않는다. 특히 나쁜 의도로 이야기한 것도 아니지만, 상대방이 민감하게 반응하거나 짜증을 내면 그것을 마음에 담아두었다가 되갚아준다.

어제는 누나와 통화를 하면서 말다툼을 하였다.

평상시에는 그냥 받아들일 수 있는 사소한 일이었지만, 그동안 마음에 담아두었던 감정을 쏟아냈다. 누나의 처지를 공감하고 격려하려고 노력했지만, 도저히 받아들일 수 없는 것이 많았다. 평소와는 다른 나의 격한 반응에 누나도 깜짝 놀랐다.

'왜 점점 이기적으로 변해가는 것일까?'

'누나라면 동생의 입장을 더 이해하고 품어줘야 하는 것이 아닌가?'

'다른 사람들은 잘 이해하고 받아들이는데 왜 가족만큼은 이렇게 힘든 것일까?'

이런저런 복잡한 생각이 스쳐 지나갔다.

문득 이새의 장남이었던 엘리압이 막내 다윗에게 했던 말이 떠올랐다. 사실 엘리압은 다윗의 행동에 대해 탐탁지 않은 입장이었고, 잘 이해하고 받아주지 않았던 것을 엿볼 수 있다. 그리고 다윗은 자신의 가족에 대해 부정적으로 표현할 정도로 자신의 가족과의 관계가 힘들었다는 것을 볼 수 있다. 그러나 다윗은 오직 주님만을 의지하고 바라보면서 가족관계를 되돌아보았다. 비록 가족들이 자신을 함부로 대했지만, 주님의 사랑으로 품고 섬겼을 것이다.

다윗이 군인들과 이렇게 이야기하는 것을 맏형 엘리압이 듣고, 다윗에게 화를 내며 꾸짖었다. "너는 어쩌자고 여기까지 내려왔느냐? 들판에 있는 몇 마리도 안 되는 양은 누구에게 떠맡겨 놓았느냐? 이 건방지고 고집 센 녀석아, 네가 전쟁 구경을 하려고 내려온 것을 누가 모를 줄 아느냐?"(새 번역 사무엘상 17:29)

나의 아버지와 나의 어머니는 나를 버려도 주님은 나를 돌보아 주십니다.(새 번역 시편 27:10)

일기를 적으면서 주님이 말씀하신다.

가족들 간의 다툼과 분쟁의 원인이 서로의 옳고 그름을 주장하는 자세였고, 자기중심적으로 상대방을 생각하고 판단했던 부분이었다. 곰곰이 생각해보면 대단한 일도 아니며 작고 사소한 일인데 왜 그렇게 받아들이기가 힘든지. 굳이 상대방의 잘못과 실수를 찾아내서 지적하려는 본성이 있었다.

가족은 서로의 허물과 잘못을 주님의 사랑으로 덮어주고 용서하는 관계이며, 어떤 상황에서도 도와주고 섬겨야 한다. 비록 감정적으로 받아들일 수 없는 것들이 많지만 의지적 결단을 통해서 가족들을 위해 섬기고 기도해야겠다.

🪶 말 한마디

매번 어머니께 전화를 드리고 있지만 이야기하다 보면 보통 1시간이 넘는다.

이런 시간이 마음에 부담감도 있지만, 한국에서 홀로 지내는 어머니가 외롭지 않도록 이야기를 들어주는 것이 효도라고 생각하고 있었다. 그런데 문제는 말다툼이 생긴다는 것이다. 그럴 때면 굳이 이렇게까지 전화해야 하나라는 속상한 기분이 든다.

어머니는 일흔 살이 넘은 고령이시지만 여전히 병간호 일을 하고 계신다.

사실 자신의 건강도 좋지 않지만, 오히려 병원에서 환자를 돕고 있다. 지금까지 30년 동안 했던 익숙한 일이지만 여러 환자를 돕는 일이기 때문에 많은 어려움이 있다.

얼마 전에 자신이 돌보는 환자를 데리고 교회에 데리고 갔다. 물론 보호자의 동의와 허락을 받아서 교회에 갔지만, 병원의 간호사가 "환자에게 무슨 일이 생기면 누가 책임을 질 거냐?"라며 혼이 났다는 것이다. 나이가 70살 되신 분이 젊은 분에게 쓴소리를 듣는 모습을 상상하니 기분이 매우 좋지 않았다.

나는 한일 혼혈인입니다

"청민아! 내는 잘 못한 게 없는 거 같은데 머라 하니깐 기분이 안 좋네!"

그래서 나는 어머니가 굳이 일을 하려는 이유를 이해할 수 없었다.

"그러니깐 그냥 교회에서 봉사하고 전도하면서 지내면 안 돼요? 왜 굳이 일하려고 합니까? 얼마 안 되는 돈 벌어서 도대체 뭐 할 거예요?!"

본의 아니게 내뱉은 말에 어머니는 상처를 받으신 것 같았다.

"방금 그거해서 뭘 할 거냐고 했나? 니 지금 말 다했나? 앞으로 다시는 연락하지 마라!"

전화는 이미 끊어져 있었다.

나는 어머니가 좀 더 적극적으로 교회 봉사와 전도하는 것을 권면하지만, 굳이 병간호 일을 하겠다고 하니 답답하기만 하였다. 물론 일을 하면서 사람들과 어울리다 보면 활기를 되찾기도 하지만, 여러 가지 어려움을 당하는 모습을 보니 정말 안타까웠기 때문이다. 늘 어머니를 잘 섬기지 못한다는 생각에 마음이 괴롭기만 하였다.

'매월 정기적으로 용돈이라도 보내 드리면 좋을 텐데….'

오늘 새벽예배의 말씀이 부모공경에 관한 부분이었다.
부모를 공경하라는 것은 하나님이 명령하신 것이며, 이 땅
에서 오래 살면서 복을 누린다는 말씀이었다.

> **너희 부모를 공경하여라. 주 너희 하나님이 명하신 것이다.**
> **그래야 너희는, 주 너희의 하나님이 너희에게 준 땅에서 오**
> **래 살면서 복을 누린다.**(새 번역 신명기 5:16)

마치 주님이 나에게 말씀하시는 것 같아서 새벽예배를 드
리고 난 뒤에 어머니께 바로 연락하였다.

"와 연락했노?"

"실은 오늘 새벽예배 때, 주님이 부모에게 공경하라고 말
씀하시더라. 어제는 내가 미안했어요."

"고마 됐다. 그걸로 됐으니 고만 끊자. 지금 엄마 바쁘다!
오늘도 건강하게 보내고 아들 사랑한다!"

전화를 끊은 뒤에 두 뺨에 눈물이 흘러내렸다.
지금껏 어머니에게 내 주장만 했던 일을 되돌아보면서 기
분과 감정에 따라 내뱉은 말들을 회개하였다. 어머니는 나

나는 한일 혼혈인입니다

의 잘못을 인정하는 말 한마디로 모든 것을 이해하셨다. 가족에게는 말 한마디로 상처를 줄 수 있지만, 말 한마디로 용서와 화해를 할 수도 있다는 것을 깨달았다.

⚜ 역할의 우선순위

몇 주 동안 아침 일찍 집에 나서서 저녁 늦게 들어오는 날이 많아졌다.

그러다 보니 아내와 딸아이랑 함께 지내는 시간이 부족해졌다. 묵묵히 섬겨주는 아내의 모습에 고맙기도 하고 한편으로는 미안한 마음이 있었다.

어제도 아침부터 저녁까지 빈틈없는 일정을 소화했지만, 스트레스와 피로감은 점점 쌓여갔다. 단지 선교사의 삶이라고 받아들이고 있었다. 그런데 아내의 표정이 약간 좋지 않아 보였다. 아내의 미묘한 변화는 나에게 어떠한 메시지가 있다는 것을 직감할 수 있었다. 도쿄에 일정이 있어서 지하철을 탔는데 아내에게 메시지가 왔다.

"요즘 많이 바쁘시고 힘드시죠? 늘 당신의 건강이 염려되고 있어요. 그렇지만 한 가지만 말하고 싶은 부분이 있어서 메시지를 보냅니다. 당신은 저의 첫 번째 사랑의 언어가 함께 하는 것인지 아시죠? 저는 당신이랑 좀 더 대화하고 함께 시간을 보내고 싶어요. 그러나 당신가 너무 바쁘니깐 그럴 수 없는 상황이 안타까워요. 그래서 지금은 기도만 하고 있을 뿐이에요."

맞는 말이었다. 그동안 선교사와 신학생의 역할에만 몰두하였지 남편과 아빠의 역할을 소홀히 했던 것이었다. 물론 부부는 서로의 약함과 부족함을 섬겨주고 채워주어야 하지만, 아내의 섬김을 무언중에 강요하고 있었던 것이다. 아내를 사랑하고 신뢰하지만, 좀처럼 깊어지지 못한 이유도 내 중심적인 생각과 태도였던 것이었다. 그리고 가장 소중한 사람들을 소중하게 대하지 못한 점을 회개하였다. 마치 아내의 말 한마디가 예수님의 음성처럼 들렸다.

그래서 아내에게 답장을 보냈다.
"정말 미안해요. 당신이 말한 것이 맞는 말이네요. 먼저 남편으로서, 아빠로서, 선교사의 역할을 우선순위로 생각할게요. 늘 부족한 저를 섬겨주고 기도해줘서 정말 고마워요. 오늘은 빨리 집에 들어갈게요. 따뜻한 오차 한잔하면서 같이 이야기해요!"

여전히 어려운 상황과 환경은 변한 것이 없고 힘들고 어려운 시기이지만, 묵묵히 섬겨주고 기도해 주는 아내가 고마웠다. 이런 아내가 옆에 있어 줘서 주님께 감사드렸다.

🪶 가족이 늘 함께 있었다.

어제 일본은 성인의 날로 휴일이었다.

그렇지만 신대원의 새벽예배와 채플, 신학수업은 평일과 다름없었다. 새벽예배와 채플을 참석한 뒤 아내와 딸과 함께 시간을 보냈다. 남편과 아빠의 역할에 최선을 다하고 싶었기 때문이었다. 점심에는 아내가 만들어 준 옥수수 수프를 함께 먹으면서 이런저런 이야기를 나누었다. 오후 내내 딸아이와 함께 놀면서 밥도 먹여 주었다. 특히 딸과 함께 놀면서 처음으로 두 발로 서는 모습을 사진도 찍었다. 저녁에는 한 주간 먹을 식자재를 사면서 아내가 보고 싶은 DVD 영화도 빌려서 보았다. 그러나 영화를 보는 중에 나는 피곤한 나머지 잠이 들어버렸다.

누군가 관계란 시간과 추억에 비례한다라고 했던가.

그러나 점점 아내와 딸과 함께 하는 시간이 줄어드는 것에 안타까움을 느끼고 있었다. 단지 내가 시간이 날 때마다 가족과 함께 해야겠다고만 생각하였다. 내게 맡겨진 일과 역할을 소홀히 하거나 주님이 나에게 맡겨주신 인생을 게을러서 낭비하고 싶은 마음이 없기 때문이었다. 이것은 누구나 가지는 동일한 마음가짐일 것이다. 언젠가 주님 앞에 섰을 때, "그동안 고생 많았지? 네가 적은 일에 충성되게 잘 감당하였구나. 나와 함께 기쁨을 누리자" 라는 이야기를 듣고 싶다.

그의 주인이 그에게 말하였다. '잘했다! 착하고 신실한 종아. 네가 적은 일에 신실하였으니, 이제 내가 많은 일을 네게 맡기겠다. 와서, 주인과 함께 기쁨을 누려라.'(새 번역 마태복음서 25:21)

그러나 맡은 일을 빈틈없이 하다 보면 자연스럽게 가족과 함께 하는 시간이 부족해지기 마련이다. 오늘 하루를 되돌아보면서 일기를 적다 보니, 주님은 내가 한가지 잘못 생각하고 있다는 것을 알려주셨다. 그것은 내가 시간이 날 때마다 가족들과 함께 하는 것이 아니라, 가족들이 늘 나와 함께 있었다는 것이다. 내가 시간적, 심리적인 여유가 있어서 가족들과 함께 하는 것이 아니었다. 가족이 늘 내 곁에서 나를 기다려주고 있었기 때문에 함께 할 수 있었던 것이었다.

어찌 보면 내가 남편과 아빠의 특권을 가질 수 있었던 것도 가족이 있었기 때문이며, 가족이 나에게 이런 역할을 할 수 있도록 허락했기 때문이었다. 그리고 가족들이 내가 해야 할 일과 역할 그리고 사명을 감당할 수 있도록 위로와 격려를 하고 있었다. 그동안 얼마나 나 중심적으로 생각하고 행동했는지를 깨닫게 되었고 어느 것도 소홀히 하고 싶지 않은 욕심을 회개하게 되었다. 정말 소중한 사람들을 소중히 대하지 못했던 나의 모습을 반성해 본다.

❦ 가족이 함께 라서 충분합니다.

일본에서 한국으로 올 때 가족 3명의 짐의 무게가 75킬로였다.

여행용 캐리어 2개, 가방 3개, 케이스 박스 1개와 유모차를 끌면서 숙소로 향하였다. 그런데 유모차를 끌면서 아이를 안고 걸어가는 아내의 뒷모습에 왠지 모를 미안한 마음이 들었다. 이런 못난 남편 때문에 고생시키는 것 같아서였다.

신대원 졸업 이후에 사역지가 결정되지 않아서 한국으로 올 수밖에 없었다.

일 년간은 한국에서 아내의 선교 훈련을 섬기면서 일본선교를 준비할 계획이지만, 여전히 무엇을 어떻게 해야 할지

오리무중이고, 답답하기만 하였다.

　부산에 도착하자마자 가족과 함께 감사와 기도를 드렸다.
그리고 묵묵히 주님을 바라보면서 입술을 굳게 닫고, 사람
들에게 연락도 하지 않았다. 주님에 대한 신뢰와 주님의 인
도하심에 따라 사는 믿음의 실험을 하고 싶었기 때문이었
다. 단지 선교 편지와 일기를 통해서 근황을 나눌 뿐이었다.

　왜 삶이 잘 풀리지 않는 것인가라는 의문은 누구나 가질
수 있다고 생각한다. 아무리 노력하고 도전해도 원하는 결
과를 얻지 못하거나 실망해서 좌절하고 있을 때 던지는 질
문일 것이다. 그렇다면 자신의 삶이 생각처럼 살아진다면
정말 재미있는지 생각해보았다. 캐나다 작가인 루시 모드
몽고메의「초록 지붕 집의 앤(Anne of Green Gables)」일본에서
애니메이션으로 제작해서 귀에 익숙한 빨간 머리 앤이 다음
과 같이 말한다.

　"세상은 생각처럼 되지 않아요. 하지만 생각처럼 되지 않
는다는 건 정말 멋진 것 같아요. 생각하지 못한 일이 일어나
는 걸요."

　우리들의 삶이 생각처럼 살아지지 않기 때문에 재미있다
는 역설적인 표현에 위로를 받는다. 그래서 보이지 않는 주

님에 대한 인도하심을 더 신뢰하게 되며, 매 순간 주님이 허락하시는 일과 만남을 통해 한 걸음씩 나아갈 수 있는 용기를 얻는다.

어제는 아내가 선교 훈련을 받는 시간에 아이를 돌보고 있었는데 전혀 생각하지 못한 분들을 만나서 교제를 나누었다. 저마다 힘들고 어려운 문제들이 있었고, 주님께 기도하면서 인내하고 있었다. 문득 어떤 인생이라도 고민과 염려가 없이 살아갈 수 없지만, 자신만 겪는 문제가 아니라는 것이다. 물론 각자가 느끼는 무게감과 중압감은 다르지만, 함께 위로하고 격려하고 있었다. 특히 가족이 함께 라서 힘과 용기를 얻는다.

어느 분이 한마디를 건넨다.

"지금 처지가 곤란하지만, 가족이 함께 라서 충분하시죠?"

그리고 나는 대답하였다.

"그럼요! 가족이 함께 라서 충분합니다!"

일본인 아버지와 한국인 어머니 ⬚⬚⬚⬚⬚⬚ ✒

🪶 아무리 밉고 싫은 사람이라도

매주 오사카 항구로 들어온 각종 야채와 음식을 거래처에 납품하고 있다. 아침 8시 30분부터 저녁 23시 전후까지 하루에 15시간 이상을 일한다. 그러나 일본인 고객이 원하는 시간과 장소에 정확히 맞춰서 식자재를 배달해야 하므로 늘 긴장이 된다. 때로는 까다로운 고객의 비위를 맞추기 위해서 밥을 제대로 먹지 못할 때가 있다. 몰려오는 피로감 때문에 졸음운전을 하거나 선잠을 자기 일쑤이다.

그러나 몸은 피곤하지만, 차량에 함께 타시는 할머니와 이야기를 나누다 보면 많은 것을 생각하게 한다. 자신이 지금까지 살아온 삶을 이야기할 때면 종종 눈물을 흘리시기 때문에 진지하게 듣게 된다.

어제는 할머니의 가족이야기를 하면서 자신에게 있어서 가장 힘들고 어려운 관계가 바로 남편이라고 하였다. 여태껏 할머니는 가족을 위해 헌신적으로 섬겼지만, 남편이 온갖 핍박과 냉대를 한다는 것이다. 속이 상하고 괴로울 때마다 이번만 참고 견디면 언젠가는 좋은 날이 올 거라며 자신을 달래면서 지금까지 살아왔다. 그러나 너무 힘들어서 눈물로 밤을 지새운 적이 한두 번이 아니었다는 것이다.

어느 날, 그런 할머니의 모습을 본 손자가 이런 얘기를 해주었다.

"할머니! 할아버지 때문에 많이 속상하죠? 근데 주위에는 할머니를 좋아해 주는 사람도 많고, 친구도 많잖아요. 할아버지는 주위에는 친구도 없고, 할아버지를 좋아해 주는 사람이 없어서 불쌍해요. 할머니가 이해하면서 항상 옆에 있어 주세요!"

순간 남편에 대한 미운 감정이, 애처로운 마음으로 바뀐 순간이었다.
아무리 밉고 싫은 남편이지만 자신이 옆에 없으면 누가 그 사람을 관심을 가지고 품어주겠느냐는 생각이 들었다는 것이다.

문득 일본인 아버지가 떠올랐다.
어린 시절부터 아버지의 사랑과 보살핌을 원했지만 기억에 남는 추억이 거의 없다. 아버지는 가족에게 무관심하였고 생계에 전혀 신경을 쓰지 않았기 때문이었다. 그리고 성인이 되어서 일본 유학을 왔지만, 아버지는 아무런 도움이 되지 않았고 오히려 내가 이렇게 고생하는 이유도 아버지 탓이라는 생각에 증오심은 커져 갔다.

그렇게 밉고 싫었던 아버지가 돌아가신 지도 어느덧 3년이 되어간다.

아버지에 대한 미움과 원망의 감정도 어느덧 그리움으로 바뀌어 있었다. 아버지가 돌아가시기 전에 좋은 추억을 만들지 못한 아쉬움이 더 크다. 아무리 밉고 싫었던 사람이라도 세상에서 유일한 나의 아버지였기 때문이다. 아무리 밉고 싫었던 사람이라도 말이다.

🪶 아버지에게 전했던 복음

오늘은 주일 예배 후에 교회 성도들과 함께 근처 역에서 노방전도를 하였다.

길거리에서 찬양을 부르면서 전도지와 물티슈를 함께 나눠 주었지만, 많은 사람이 횅하니 지나가거나 눈길조차도 주지 않는다. 우리의 찬양과 전도는 마치 광야에서 외치는 소리와 같았다.

노방전도를 마치고 돌아오는 길에 어느 일본인 성도와 이야기를 나누었다.

그분은 그리스도인의 친절함과 섬김에 감동해서 처음으로 교회에 왔지만, 도저히 성경의 가르침과 교리에 수긍하지 못하고 반발심만 들었다고 하였다.

'다른 종교와 기독교는 무엇이 다른가?'
'왜 기독교에만 유일한 구원이 있다고 하는가?'
'과연 기독교에서 말하는 천국은 어떤 곳인가?'

오랜 시간 동안 목회자와 기독교 신앙을 주제로 논쟁하면서 조금씩 기독교를 이해하였고 결국 세례를 받았다고 하였다. 일본인이 기독교에 대한 의문과 태도를 엿볼 수가 있었다.

나도 일본어로 자신의 감정과 생각을 표현하기 시작하면서 일본인 아버지에게 기독교에 관해 설명하면서 논쟁한 적이 많았다. 매일 아버지의 믿음과 구원을 위해 끊임없이 기도하고 설득하였지만, 아버지를 교회에 데리고 오기 위해 많은 시간과 인내가 필요하였다. 어느 날 그렇게 완고했던 아버지가 다음과 같이 말하였다.

"네가 믿는 하나님이 어떤 신인지 한번 들어보마!"

처음으로 교회 예배에 참석해서 복음을 듣게 된 것이다.

그리고 복음이 삶으로 전해져야 한다고 생각해서 학업과 아르바이트, 신앙생활을 성실히 감당하였다. 그 후에 아버지가 심근경색증으로 병상에 있을 때 이런 고백을 하였다.

"지금까지 나는 그 누구도 믿지 않았지만, 너라면 믿을 수 있겠구나! 그리고 너한테 만큼은 정말 미안한 마음이 드는구나!"

그리고 나는 다음과 같이 대답해 주었다.

"실은 아버지가 싫고 미웠던 적이 많았고 미움과 원망의 마음이 가득했어요. 그래서 어떻게 하면 제대로 복수를 할 수 있을까 해서 일본으로 온 거예요. 그런데 어느새 그런 마음들이 사라졌어요. 이제는 아버지를 용서할 수가 있어요. 하나님의 은혜라고 믿어요. 이런 하나님을 아버지도 믿어보면 어때요? 내가 아버지를 대신해서 기도할 테니 함께 기도해요."

아버지와 함께 두 손을 잡고 함께 기도하였다.

아버지는 어떠한 마음으로 기도를 하였을까. 비록 기독교를 싫어하고 복음을 거부하였지만, 함께 기도했던 그 순간은 어느 때보다 진지하였다. 그때 아버지와 함께 두 손을 잡고 기도했던 순수함과 열정을 잊지 않고 있다. 늘 그 마음으로 일본을 사랑하고 선교하길 기도하였다.

"주님. 신실하고 정직한 모습으로 복음을 증거하도록 하소서. 돌아가신 아버지에게 전했던 복음과 믿음으로 일본선교를 할 수 있도록 도와주소서. 아멘"

관계는 시간과 추억에 비례한다.

요즘은 주님과의 친밀한 관계가 깊어지다 보니 사람과의 관계에 대해서도 되돌아보게 되었다. 인간관계에는 좋은 일과 나쁜 일, 즐겁고 슬픈 일도 있지만 반드시 어떠한 의미와 가치로 마음에 남는다. 이런 관계의 깊이가 시간과 추억에 비례한다면 가족과의 관계는 농밀해져야 하는 이유가 여기에 있다는 생각이 들었다.

나는 오사카에서 유학 생활을 하면서 아버지와 함께 살았다.

당시 아버지가 만들어준 '스키야키'와 '야키모치'는 정말 맛있었다. 때로는 집 근처의 가라오케에서 함께 노래를 부르기도 하였고, 담배 냄새가 찌든 차를 타고 함께 드라이브

하기도 하였다. 그 당시 아버지의 오사카 사투리에 매우 친근감을 느끼고 있었다.

처음에는 아버지께 안부 전화를 하고 밥도 함께 먹었지만, 마음에 여유가 없다 보니 아버지와의 관계도 느슨해질 수밖에 없었다. 가끔 아버지를 만날 때는 만남의 기쁨과 즐거움보다 여러 불평과 불만을 내뱉기도 하였다. 나의 내면에는 아버지께 충분한 사랑을 받지 못했던 것과 아버지가 가장으로서 책임을 소홀히 했다는 원망과 분노가 있었다. 이런 마음을 가지고 아버지를 만나다 보니 부정적인 생각과 태도를 보일 수밖에 없었다. 그러나 그런 아들의 말을 묵묵히 듣고 계신 아버지의 모습이 떠올랐다.

결국, 2009년에 아버지는 심근경색증으로 돌아가셨다.
늘 함께 있을 거 같았던 아버지를 떠나보내고 나니 왠지 모를 미안함과 후회감이 몰려왔다. 나도 언젠가는 누군가의 남편으로, 아버지로 살아가야 할 텐데 솔직히 그 역할들을 잘 감당할 수 있을지 자신이 없어진다. 혹시 이런 마음이 걸림돌이 되지 않을까 걱정이 되기도 하였다.

그러나 주님은 아버지에 대한 원망과 불만의 쓴 뿌리를, 일본선교의 사명으로 바꾸셔서 축복의 길로 인도하셨다. 아버지와의 관계를 예수님의 마음을 품고 바라보니 아버지에 대한 관계도 달라 보였다. 비록 아버지에 대한 원망과 증오가 가득했지만, 하나님의 사랑으로는 용서하지 못할 사람이 없다는 것을 실감하였다. 아버지의 관계 속에서 용서와 화해의 가치를 발견했다면 나의 가족과는 사랑과 회복의 가치를 전해주고 싶다. 오늘은 아내와 딸에게 맛있는 밥을 만들어주고 산책하면서 남편과 아빠로서의 추억의 돌을 쌓아 올려야겠다.

❦ 바로 저의 어머니입니다.

나는 감정을 잘 표현하지 못하고 말도 서툰 편이다.

오히려 묵묵히 행동으로 움직이는 쪽이 편하지만, 자신의 솔직한 감정을 말로 제대로 표현하지 못하는 답답함이 있다. 그래서 일본 유학을 온 이후부터 감정표현을 꾸준히 훈련하였다. 혼잣말로 중얼거리거나 글을 써 보기도 하였다. 때로는 답답한 심경을 소리 질러 본 적도 있었고, 아무도 없는 곳에서 거울을 보면서 자신과 대화하기도 하였다. 감정과 생각을 정확하게 표현하려고 노력하다 보니, 확실히 예전보다는 많이 달라졌다는 느낌이 든다.

그러나 가장 어려운 점은 어머니와 대화를 하는 것이다.

개성이 강한 어머니는 자신의 의사와 감정을 거침없이 표현한다. 기면 기고 아니면 아니다라고 식이다. 어머니의 강하고 억척스러운 말투와 일방적인 대화에 화가 나거나 감정을 다스리지 못한 적이 한 두번이 아니었다.

매번, 어머니의 입장과 상황만 이야기할 뿐 내 감정과 생각은 잘 듣지 않는다.

어머니의 근황이 걱정되어서 전화를 걸면, 오히려 기분이 좋지 않고 일도 꼬이는 날도 많았다. 오늘 아침에는 말씀을 묵상하면서 기도한 후에 어머니에게 전화를 걸었다.

'주님! 어머니에 대한 마음을 말로 잘 전달할 수 있도록 제 입술을 다스려 주소서.'

그동안의 이런저런 일들을 함께 나누다 보니, 어느덧 2시간이 넘게 통화를 하였다. 마지막으로 어머니가 한마디 말을 하였다.

"엄마는 니한테 심하게 이야기해도 실제 마음은 그기 아인기라! 니가 아직 부모가 안 되봐서 잘 모를끼다! 근데 내도 니한테 미안한 마음이 있다. 엄마가 잘 못배우고 허물이 많아서 그런거니깐 니가 이해해라. 가끔씩 니랑 옥신각신해도 이래저래 얘기하다 보이깐 내 마음이 편하네. 우리 아들

나는 한일 혼혈인입니다

사랑한다!"

순간 울컥한 마음을 주체할 수 없었다.

"그래요 몸 건강하고 푹 쉬세요"라고 대답하고 전화를 끊었다. 종종 어머니로 인해 속이 상하고 답답할 때가 많았지만 이것이 가족이 아닌가라는 생각이 들었다. 만약 누군가 당신이 세상에서 가장 존경하는 사람이 누구입니까 라고 묻는다면 나는 망설이지 않고 대답할 것이다.

"바로 저의 어머니입니다."

📖 내가 니를 낳았다!

얼마 전에 어머니가 방 정리하다가 넘어져서 옆구리가 다쳤다.

그런데 병원에 가보니 뼈에 금이 나서 입원을 권유했는데도 거부했다고 한다. 그 이유는 단지 병원비가 아까워서였다는 것이다.

순간 화가 났다.

"엄마. 병원비가 얼마가 된다고 입원을 안 했어요?! 그렇다고 병이 더 커져서 더 큰 문제가 생기잖아요! 빨리 병원 가요!"

그런데 오히려 어머니의 인생이야기를 쏟아내셨다. 사실 수백 번은 들은 똑같은 레퍼토리였지만, 그때 어머니의 삶의 무게감과 책임감은 가슴 깊이 다가왔다.

어릴 적, 어머니는 몇천 원을 벌려고 양손에 참기름병을 들고 팔러 다니셨다.

몇백 원의 버스비가 아까워서 몇 정거장은 걸어 다녔고, 배고프지만 빵 하나 사 먹지 않아서 위장병에 걸렸다. 항상 이면지를 모아두셨고 두 개의 형광등 중의 하나는 반드시 빼놓는다.

어릴 적에는 변기에 소변을 보고 바로 물을 내리면 혼이 났다. 그리고 분명히 음식이 상했는데도 버리기 아깝다고 냉동실에 넣어둔다. 그것도 모르고 상한 김밥을 먹어서 식중독 걸린 적도 있었다. 지독한 구두쇠였던 스크루지 영감도 흐뭇하게 여기지 않을까. 이런 나는 어머니의 삶의 방식을 이해할 수 없었다.

그러나 한국 전쟁 때에 태어난 어머니는 어릴 때 너무나도 가난했기 때문에 초등학교를 졸업한 뒤부터, 빵 바구니와 아이스크림 상자를 짊어지고 팔러 다녔다.

'팥빵 사이소! 아이스께끼 사이소!'

빵과 아이스크림을 팔러 다니는 자신의 모습과 학교를 등교하는 친구들의 모습이 너무 비교되고 창피해서 숨어다니기도 하였다. 그때부터 자녀들에게는 절대로 가난을 물려주지 않겠다라고 결심하였고, 지독하게 절약하고 악착같이 돈을 모으면서 살아왔다. 이것이 삶의 생활 속에 몸에 밴 것이었다. 어머니의 살아온 시대적인 상황과 이야기를 들어보면, 안타까운 마음이 들었다.

어느새 나도 결혼을 해서 누군가의 남편과 아버지가 되었다. 어머니는 손녀를 처음으로 안아보면서 다음과 같이 말하였다.

"까꿍! 에레레! 요놈 봐라! 와이리 귀엽노! 자세히 보이 내쪽 닮은거 같네! 애를 키울 때는 말이제. 근데 내가 니를 낳긴 했는데 니가 얼마나 애먹였는지 아나? 진짜 말마라."

어머니는 기분이 좋으셨는지 손녀를 안은 채로 나를 키우면서 이런저런 추억들을 쉬지 않고 말씀하셨다. 그렇게 어렵고 힘든 생활 속에서도 하나님의 말씀과 기도로 키우신

이야기도 말이다. 비록 어머니의 삶의 방식을 이해할 수는 없지만, 자신이 감당해야만 했던 삶의 무게감과 책임감이 전해졌다. 또한 나를 향한 어머니의 애정과 기도가 지금의 내가 있었다고 확신하였다. 문득 어머니에 대한 마음가짐이 예전과 많이 달라진 것이 느껴진다. 이런 분이 나의 어머니인 것을 주님께 감사드렸다.

제2부

일본을 용서하고

선교할 때 입니다

01

일본에 대한 주님의 마음 ⟋

🪶 어찌 내가 이들을 아끼지 않겠느냐?

인간은 자연환경을 통해 많은 혜택을 누리지만 반대로 자연재해로 인해 엄청난 피해를 받는다. 특히 지진과 쓰나미는 많은 인명피해와 막대한 경제적 손실이 발생하면 인간이 얼마나 연약하고 무능력한 존재인지를 깨닫게 된다.

얼마 전에도 일본의 구마모토(熊本)라는 지역에서 규모 6.5의 강진이 있었다. 수많은 집과 빌딩이 무너지고 도로가 유실되며, 산사태와 정전, 행방불명된 사람들, 수만 명의 이재민이 발생하였다. 그리고 끊임없이 여진이 발생해서 지역주민들이 불안과 긴장 속에 지내는 모습을 생생히 보고 전해 들었다.

그래서인지 일본인들은 '지진'과 '쓰나미'라는 단어에 매우 민감하다.

이 단어를 듣는 것만으로 '2011년 3월 11일, 동일본 대지진'의 아픈 기억이 생생하게 떠오르기 때문이다. 당시 지진과 쓰나미로 인해 2만여 명이 죽고 약 17만 명이 피난 생활을 하였다. 특히 후쿠시마 원전이 터져서 방사선 피해도 심각해서 현재도 후쿠시마 원전 부근의 지역은 사람들의 출입을 철저하게 통제하고 있다. 아물지 않는 상처는 지금도 진행 중이다.

나도 일본인의 피가 흐르고 있었기 때문일까! 온종일 우울한 감정과 무거운 마음으로 고민을 하였다.

'과연 일본에 대한 하나님의 뜻은 무엇일까?'
'이번 지진으로 피해 입은 일본인들의 심정은 어떨까?'
'하나님은 왜 이런 자연재해로 많은 사람이 고통 받는 것을 허락하셨을까?'

인간의 논리와 이성으로는 하나님의 뜻과 계획을 알 수 없지만, 하나님의 마음은 그 어떤 사람이라도 아끼고 사랑하고 있으며, 구원과 회복의 기회를 주고 계신다는 사실이다. 그러나 한국인의 정서와 역사적인 관점으로 볼 때, 일본과 일본인을 도저히 용서할 수 없을 것이다. 오히려 원수처럼 생각하는 분도 있다. 그러나 예수님은 어떻게 말씀하셨던가!

그러나 나는 너희에게 말한다. 너희 원수를 사랑하고 너희를 박해하는 사람을 위하여 기도하여라.(새 번역 마태복음 5:44)

주님은 한국인들에게 일본인을 사랑으로 섬길 기회를 주셨다는 생각이 들었다. 누구나 일본에 대한 미움과 원망의 마음은 있겠지만, 십자가의 사랑으로는 그 어떤 사람도 용서할 수 있을 것이다. 나는 이런 주님의 사랑과 복음을 전할 일본에서 살고 있지 않은가. 결코 이 기회를 놓치고 싶은 마음은 없다. 문득 주님은 한 구절의 말씀이 떠오르게 해 주셨다.

하물며 좌우를 가릴 줄 모르는 사람들이 십이만 명도 더 되고 짐승들도 수없이 많은 이 큰 성읍 니느웨를 어찌 내가 아끼지 않겠느냐?(새 번역 요나 4:11)

⚜ 한 알의 밀알

일본선교의 시작은 1549년 8월 15일, 예수회 선교사인 프란시스코 자비에르가 일본으로 건너왔을 때부터이다. 당시 일본인들은 기독교인이 믿는 예수에 대해서 호감을 가진 것보다, 학식이 풍부한 예수회 선교사를 통해 서양 문물을 접할 수 있는 통로라고 생각하였다. 특히 서양의 발명품인 소총에 관심이 많았기 때문에 자유롭게 선교 활동을 허용하였다. 물론 언어장벽으로 인한 선교활동의 한계가 있었지만, 2년 후 자비에르가 떠날 때쯤에는 100여 명의 개종자가 있었다.

그 후 16세기 말에는 신자들이 30만 명으로 추정하고 있는데, 당시 일본의 전체 인구가 1,700만 명이라는 점을 생각하면 놀라운 부흥이라고 평가하고 있다. 이렇게 한 알의 밀알이 땅에 떨어져 수많은 열매를 맺었던 곳이 일본이다. 그러기에 일본선교를 포기할 수 없는 이유이지 않는가! 비록 한 알의 밀알은 존재감은 없지만, 죽어야 풍성한 열매를 맺는 모습 속에 일본선교의 핵심을 알려주고 있었다.

어제는 벳푸 대학과 오이타 대학으로 흩어져서 복음을 전하였다.

많은 일본인 학생들과 얘기하면서 느낀 점은 다양한 가치관을 가지고 상대방의 입장을 존중하는 자세였다. 기독교에 대해 비판하지는 않았고, 성경에 대해 호의적이고 읽고 싶다는 사람도 있었다.

그러나 이성적이고 합리적인 일본인들에게는 기독교는 비이성적이고 현실적인 생활과는 동떨어진 종교로 비치고 있었다. 특히 취업과 진로에 대한 불안과 근심, 걱정으로 살아가는 일본인 학생들에게는 종교란, 무거운 짐에 불과하였다.

'보이지 않는 믿음을 어떻게 설명하고 알려주면 좋을까?'

벳푸 대학에서 전도하는데 눈에 띄는 커다란 비석이 세워져 있었다. 그 큰 비석에는 다음과 같은 말이 새겨져 있었다.

"真理が我らを自由にする(진리가 우리를 자유롭게 한다)"

성경 말씀의 한 구절이었다. 지금으로부터 100여 년 전, 복음의 황무지와도 같은 일본 땅에 무명의 그리스도인이 성경적 가치관을 가지고 복음을 전하고 가르쳤다는 사실이었다. 그것을 비석에 세워서 후대의 사람들에게 전해주고자 하였다. 그는 일본선교에 대한 주님의 마음을 품고 실천했을 것이다.

그가 보이지 않는 믿음과 진리를, 성경을 통해 가르치는 모습을 상상해 보았다. 한 알의 밀알일지라도 땅에 떨어져서 죽으면 언젠가는 많은 열매가 맺어질 것이라는 확신하며 전하지 않았을까. 비록 일본선교의 가능성은 없어 보이고 일본교회는 작고 연약해 보여도, 일본선교를 포기하지 않는 주님의 마음이 분명해진다.

☙ 지금은 일본을 용서하고 사랑할 때

앞서 언급했듯이 1919년 3월 1일은 일본의 식민지배속에서 나라를 되찾기 위해 "대한민국 만세"를 외치면서 목숨을 내던지고 독립운동을 한 날이다. 그로부터 100년이 지난 2019년은 그 어느 때보다 반일감정이 드높다. 이제는 일본 불매운동으로 불씨가 번져서 정치, 사회, 문화, 언어의 영역까지 확산되어지고 있다.

이러한 분위기 속에서 한일관계의 회복과 용서를 위해 앞장서고 계신 일본인이 있다. 그분의 이름은 '오야마 레이지(尾山令仁)' 목사님이다. 나는 작년에 이분의 사죄운동 집회에 참석한 적이 있었는데, 아흔 살이 넘은 오야마 목사님은 집회 내내 두 손을 모으고 낮고 쉰 목소리로 한결같이 이야기하고 있는 것이 있었다. 그것은 일제식민지 때의 침략과 수탈과 신사참배 강요에 대한 용서, 그리고 제암리교회 학살사건에 대한 사죄와 참회였다.

특히 제암리교회 학살사건의 생생한 이야기와 간증을 전해주셨다.

이 사건은 1919년 4월 15일, 경기도 화성 지역에 3.1운동에 가담한 제암리 주민 20여 명을 교회에 가둔 뒤에 무차별로 총살하였다. 오야마 목사님은 1963년에 제암리교회를 방문한 뒤부터, 일본교회와 지도자들에게 이 사건을 소개하면서 사죄운동을 전개하고 있었다. 또한 제암리교회와 제암리 3.1운동 순국 기념관을 재건하기 위한 모금도 하였다.

지난 50여 년간 사죄운동을 하면서 늘 다음과 같이 말을 반복한다.

"일본 정부와 정치인들은 역사적 사실을 외면하고 용서를 구하고 있지 않습니다. 그러나 지난날의 잘못을 사죄하는 일본 그리스도인이 있다는 것을 한국 사람들이 기억해주길 바랍니다."

한일의 역사적인 사실과 민족적 감정으로서는 화해와 용서하기 힘들다. 그러나 이런 일본인 그리스도인을 보면서 일본과 일본인에 대한 마음이 달라지는 것을 느낀다. 또한 우리에게 '윤학자'로 알려진 한국 고아의 어머니인 '다우치 치즈코(田内千鶴子)', 누구보다도 조선의 미술품을 사랑해서 '조선민족미술관' 설립에 기여한 '아사카와 타쿠미(浅川巧)', 한일기독교의 징검다리의 역할을 하였던 '사와 마사히코(澤正彦)' 목사님의 선교 활동을 생각한다면, 오히려 일본을 용서하고 사랑해야 한다는 마음이 든다. 십자가의 사랑으로 말이다.

🪶 단 한 명의 사람이라도

얼마 전에 일흔 살이 넘은 일본인 목회자와 교제를 나누었다.

그분은 양쪽의 다리가 불편하셔서 휠체어를 타고 계셨는데, 그분의 이름은 코가 고라쿠가오카 교회의 '야노 토시히로(矢野敏博)' 목사님이다. 그는 북한에서 태어나서 일본으로 건너왔는데, 학생을 가르치는 일을 하다가 늦은 나이에 목회자로 헌신하셨다. 매번 이분을 만날 때마다 항상 같은 말씀을 하신다.

"일본은 목회자가 없는 교회가 1,000개나 넘습니다. 특히 규슈지역에는 복음주의 신학교가 없어서 다음 목회를 이어갈 사역자가 없습니다. 그러나 하나님이 저에게 주신 비전이 있습니다. 바로 에스겔 37장의 말씀입니다. 하나님께서 마른 뼈들에게 생기를 불어넣으셨을 때 그것들이 살아나던 것처럼 영적 황무지와 같은 규슈지역에 복음주의 신학교를 세우고 싶습니다. 저는 남은 인생을 이 일에 헌신하려고 합니다."

나이가 많이 들어서 움직일 수도 없는 일본인 목회자가 이러한 비전을 나눈다는 것에 놀라웠다. 순간 주체할 수 없는 눈물이 났다.

'이렇게 숨어있는 열정적인 무명의 목회자가 있구나! 하나님의 비전은 나이와 상관이 없구나!'

그 후에 후쿠오카의 오오카와(大川) 라는 지역에 갔다.

이곳은 지역 인구의 3만5천 명이 살고 있지만, 교회는 단한 군데였다. 그리고 10명도 되지 않는 일본인 성도들이 교회를 지키고 있었다. 특히 교회의 목회자가 없어서 교회 문닫힐 위기에 있을 때, 어느 일본인 성도가 교회에서 먹고 자면서 교회를 지켰다는 것이다. 더 놀라운 사실은 교회 성도들이 지역 복음화를 위해 한목소리로 기도하고 있었다.

"주여. 이 지역이 복음화가 되게 하소서. 우리 교회를 사용하여 주소서!"

아무리 일본교회가 작고 소수의 인원이라고 해도 주님의 사명을 품은 사람들이 있었다. 비록 그 진리의 등불이 희미하지만, 분명히 비치고 있다. 어두울수록 희미한 빛은 더 잘보이게 되어 있다. 비록 일본이 복음의 등불이 약하고 희미하게 비치고 있지만, 그 빛은 더 강하게 빛나고 있었다. 단한 명의 사람이라도 일본선교를 품고 기도하고 충성하고 있다면 주님은 일본에 대한 선교를 포기하지 않으실 것이다.

그는 상한 갈대를 꺾지 않으며, 꺼져가는 등불을 끄지 않으

며, 진리로 공의를 베풀 것이다(새 번역 이사야 42:3)

🕊 눈물이 난다.

오늘은 효고현에 있는 요한 니시노미야 교회를 방문하였다.

니시노미야는 오사카와 고베의 중간에 있는 도시이며, 양조업이 발달해서 청주의 명산지이기도 하다. 그러나 일본인의 신앙의 대상인 '에비스신'을 모신 니시노미야 신사가 있어서 혼합 종교의 본산지이기도 하다.

이곳에 10여 년 전에 두 명의 여선교사님이 개척하였고, 은행 건물을 교회로 리모델링해서 본격적인 선교 활동을 하였다. 교회개척 당시, 나도 함께 전도하며 중보기도로 섬겼던 곳이라서 남다른 추억이 있는 곳이다. 이곳에 올 때마다 주님이 주신 마음은 늘 눈물이 났다.

그러나 작년에 이곳을 담당하던 목회자가 갑자기 암에 걸려서 선교 활동을 할 수 없게 되었다. 결국 성도들도 뿔뿔이 흩어져서 두 명의 성도만이 교회를 지키고 있었다. 안타까운 소식을 접한 뒤에 한국의 선교팀을 파송해서 함께 예배를 드리고 교제를 나누었다. 그때도 안타까운 마음에 눈물의 기도를 드린 적이 있었다.

이제는 협력 선교사님이 파견되고 부부성도의 가정이 협력해서 교회가 어느 정도 자리를 잡아가고 있었다. 주일 예배를 드리며 찬송을 올려드리는데 갑자기 주체할 수 없는 눈물이 났다.

"죄 짐 맡은 우리 구주 어찌 좋은 친군지 걱정 근심 무거운 짐 우리 주께 맡기세 주께 고함 없는 고로 복을 받지 못하네 사람들이 어찌하여 아뢸 줄을 모를까."

이 교회가 세워지기까지 얼마나 많은 분들의 기도와 섬김이 있었겠는가. 땀과 눈물로 세워진 교회가 한순간에 없어진다면 매우 안타까운 마음이 들었다. 만약 '내가 저런 상황이었다면 어떠했을까?'라는 생각을 해 보니 순간 아찔했다. 제대로 견딜 수나 있었겠느냐는 두려움이 생기면서 일본선교는 결코 만만한 것이 아닌 것을 실감하였다.

비록 지금은 담임 목회자의 부재로 인해 어려움 중에 있지만, 여전히 몇몇의 사람들을 통해 선교의 바통을 이어가고 있었다. 어쩌면 이곳에 올 때마다 눈물이 났던 이유도, 일본선교에 대한 주님의 마음이 전해졌기 때문이었다. 주님은 일본을 얼마나 사랑하고 있는지 알려 주려고 눈물이 났다는

　　　　　　　　일본을 용서하고 선교 할 때입니다

생각이 들었다.

사실 영적인 사마리아와도 같은 일본에서 낙담하고 좌절해서 선교를 포기한 사람들이 얼마나 많은가. 그래서 일본선교를 선교사의 무덤이라고 부르고 있다. 아무리 복음의 씨앗을 뿌려도 열매가 맺지 않기 때문이다. 하지만 일본선교를 위해서 자신의 인생을 헌신하며 순교했던 사람들이 있었고, 일본을 위해 눈물의 기도하고 섬기는 사람들도 있다. 여전히 일본을 사랑하고 선교하는 사람들의 눈물은 흘러내리고 있다. 이 눈물은 주님이 일본에 대한 마음일 것이다.

나는 몹시 괴로워하면서, 걱정스러운 마음으로, 많은 눈물을 흘리면서 여러분에게 그 편지를 썼습니다. 내가 여러분을 얼마나 극진히 사랑하고 있는지를 여러분에게 알려 주려고 한 것입니다.(새 번역 고린도후서 2:4)

02

✒ 일본을 품은 사람들

한국과 일본의 초계기 갈등과 일제 강제징용 판결로 인해 한일관계가 매우 좋지 않은 요즘이다. 일본 총리인 아베 신조가 강제징용 배상 판결에 노골적인 불만을 표출하면서 한국에 대한 무역 수출규제와 화이트리스트 배제에 따른 반일 감정은 그 어느 때보다 심하다. 특히 '가지 않겠다! 사지 않겠다!'라는 'No Japan 불매운동'이 일어나고 있을 때, 왜 이렇게 한국인이 일본제품에 대해 불매운동이 전 국민적으로 일어나는지 궁금하였다.

일본제품에 대한 최초의 불매운동은, 1920년 일제강점기 때의 물산장려운동이었다.

1919년 3.1운동으로 일본은 무단통치에서 문화통치로 바꾸게 된다. 동시에 조선 총독부는 조선인 자본으로 만든 회사를 억제하려고 회사설립을 제한하였다. 그리고 일제와 조선 간의 관세를 철폐해 일본기업에게 굉장히 유리하도록 만들어서 조선의 기업과 회사가 일본에게 경제적으로 예속시키려고 하였다. 이때 조선의 민족자본 회사를 지원하기 위해 물산장려운동을 하게 되며, 그 구호가 '조선사람! 조선으로!', '우리 것으로만 살자!'는 것이었다.

결국 전국적으로 '한국상품장려, 금연실천운동'으로 확산되면서 국민과 상인들 모두 동참하고 협력하는 애국 운동으로 확산된다. 이러한 역사적 배경을 본다면, 'No Japan 불매운동'도 애국 운동의 토대로 확산되는 국민의 외침이라고 생각하였다.

그러나 이러한 불매운동이 지나쳐서 일본과 일본인에 대한 부정적인 감정과 이미지가 남지 않을까 걱정이 된다. 양국 간의 정치적, 역사적인 문제로 인해 국민 간에 감정의 골이 깊어지다 보면 자연스럽게 한국에 있는 일본인이나 일본에 사는 한국인에게 불의한 피해를 볼 수도 있기 때문이다. 그래서 매일 한일간의 일어난 사건, 사고의 소식을 주의해서 보고 있다.

특히 이러한 시기에 일본선교를 떠나는 것에 대한 부담감이 매우 크다.

어떤 분들은 "왜 이 시기에 일본으로 단기선교에 가느냐?"라며 핀잔을 주기도 하고, 매국노, 친일파라고 말하기도 하였다. 물론 많은 분들이 그런 생각을 하는 것은 아니지만, 마음이 매우 불편하였다. 아직은 일본선교를 한다고 핍박을 하거나, 불이익을 당하지는 않지만, 그 어느 때보다 일본에 관해 이야기를 꺼내는 것이 조심스러웠다.

여전히 일본을 품고 선교를 떠나는 사람들이 있다.

그들은 한결같이 일본인 모두가 나쁜 것이 아니라고 말한다. 아직도 복음을 듣지 못한 일본인에 대한 마음이 더 간절해진다고 한다. 일본선교를 한다는 것은 일본에 대한 예수 심정, 구령의 정신, 십자가의 사랑과 용서가 없이는 불가능하다는 생각이 들었다.

매년 선교에 동참하는 청년들이 같은 교회에서 선교 활동을 하다 보니, 이제는 자신들이 직접 장을 보거나 주위를 돌아다니고 있었다. 그리고 현지의 목회자와 성도들을 위로하면서 복음을 함께 전하였다. 지금도 각양각색으로 일본과 한국을 잇는 징검다리의 역할을 하는 사람도 있다. 이들이야말로 하나님의 마음을 가지고 일본을 품은 사람들이다.

우리는 하나님의 동역자요, 여러분은 하나님의 밭이며, 하나님의 건물입니다.(새 번역 고린도전서 3:9)

🖋 어느 한국인 청년들

일본의 쿠마모토에 있는 여러 일본교회를 방문할 기회가 생겼다.

최근에 이곳은 지진으로 큰 피해가 있었지만, 지진 피해복구를 위해서 열심히 활동하고 있는 쿠마모토 벤엘교회를 방문했을 때 가장 인상 깊은 일이 있었다. 이 교회는 여성 목회자가 있었는데 한국말을 유창하게 잘하는 일본인이었다. 깡마른 체구였지만 눈빛은 참으로 순수하고 열정적인 분이었다.

그분은 어느 한국인 청년들의 이야기를 해주었다. 그들은 5년간 쿠마모토 지역에 방문해서 선교활동을 하였다고 한다. 의료활동, 한국어 강좌, 문화체험으로 지역의 일본인 독거노인들을 돌보았다. 그래서 지역 사람들은 그리스도인과 교회에 대한 이미지가 많이 바뀌었고, 마음의 문도 많이 열어질 수 있었다는 것이다. 그리고 그분이 다음과 같은 말을 하였다.

"저는 한국인 청년들이 정성껏 뿌린 복음의 씨앗들이 헛되지 않았으면 좋겠습니다. 이곳에 복음 선교센터가 세워져 일본교회가 협력해서 선교 활동을 하길 원합니다. 기도해주세요."

이번 지진을 통해 많은 교회와 선교단체들이 협력할 수 있었다고 하였다.

그리고 쿠마모토 지역에 많은 기도가 쌓여 있어서 지역선교를 할 수 있는 최고의 기회를 주셨다고 고백하였다. 사실 지진으로 힘들고 어려웠을 텐데. 이것을 주님이 주신 기회로 보시는 일본인 목사님의 믿음에 놀라웠다. 절망적인 상황 속에서도 감사로 결론짓는 말씀에 큰 감동이 되었다.

그런데 그분의 두 눈에 눈물이 고여 있었다.

순간 지진으로 고통 받고 있는 일본인에 대한 마음과 모든 사람을 섬기지 못하고 있는 안타까움이 섞인 눈물이라는 생각이 들었다. 여전히 고통 받고 힘들어하는 일본인들이 있지만, 희망과 용기를 가지는 이유도 일본을 품고 선교 활동을 한 사람들이 있기 때문이다. 어느 한국인 청년들이 보여준 십자가의 용서와 사랑이 국경을 초월한 한일의 징검다리의 역할을 한 것처럼 말이다.

🪶 그리스도씨!

얼마 전에 규슈지역에 있는 25개의 일본교회로 흩어져서 선교 활동을 한 200여 명의 청년들이 함께 모여 집회를 하였다. 사실 일본에서 이렇게 많은 청년들이 모여 예배를 드린다는 것은 드문 일이다. 어느새 일본에 대한 그들의 고백은 달라져 있었다. 확실히 그들의 마음에 십자가의 사랑을 새겨졌다는 확신이 들었다. 모두가 일본을 품고 사랑한 사람들이다.

하카타 그리스도교회의 '사미 타케시(佐味健志)' 목사님이 「마지막 시대의 선교」라는 주제로 설교하였다. 그 내용은 다음과 같았다.

"마지막 시대는 은혜의 시대이다. 오직 예수님을 믿는 믿음으로 구원받는 시대이지만 거짓 예언자, 가짜 메시야, 전쟁, 테러, 기근, 인간관계의 어려움으로 많은 사람들이 믿음을 포기하고 있다. 그러나 가장 큰 문제는 점점 사랑이 식어간다는 것이다. 현재 일본은 지진으로 많은 일본인이 신음하면서 고통받고 있다. 특히 아이들은 지진의 두려움으로 우울증에 걸리고, 어른들은 계속된 지진으로 불면증에 시달리고 있다.

이런 상황을 보고 어떤 이들은 "이번 지진은 신의 심판이다"라고 이야기한 사람도 있었다. 그렇지만 많은 교회와 성도들이 협력해서 피해지역에 가서 봉사하였다. 지역 주민들의 비참한 현장속으로 들어가 함께 울고 웃으면서 행동으로 주님의 사랑을 실천하였다. 비록 작은 목소리였지만 그들을 보고 '그리스도씨!'라고 불렀다."

실제로 지역주민들은 "이 지역에 이 마을에 교회가 있어서 좋았어!"라고 말해 주었다. 지금까지는 복음이 들어갈 수 없는 곳이었지만 지금은 자원봉사자라는 이름으로 그리스도의 사랑을 전할 수 있게 되었다. 특히 지진의 현장에서 정성스럽게 섬겨주는 그리스도인의 모습을 보면서, 지역주민들은 그들을 "그리스도씨!" 라고 불렀다. 많은 일본인이 주님의 사랑을 몸소 보여준 것에 예수님의 모습을 본 것이다.

사실 일본과 한국은 가깝고도 먼 나라이다.
지리적으로 가장 가까운 나라이지만 역사적으로 많은 상처와 갈등이 있었다. 여전히 서로를 미워하고 싫어하는 관계이다. 이러한 모습을 보면서 드는 생각이 있다.

'과연 이러한 관계가 회복할 수 있을까?'
'한국과 일본의 높은 장벽을 어떻게 극복할 수 있을까?'

사랑이 점점 식어져서 고통받는 사람들을 외면하고 사는 이 시대에, 그리스도인의 외침은 "서로 용서하고, 사랑하라!" 는 것이다. 그리스도인의 사명은 함께 협력해서 주님의 사랑을 전하는 것이다. 그 확실한 증거가 "그리스도씨!" 라고 불리던 사람들의 모습을 통해 전해졌다. 지금도 일본을 위해 예수님의 사랑을 몸소 실천하는 사람들의 이야기를 들으면서 일본선교의 가능성을 본다.

일본인 목사님의 사랑

규슈의 미야자키(宮崎)라는 곳이 있다.

언뜻 애니메이션 감독인 '미야쟈키 하야오(宮崎駿監督)'를 생각나게 하지만, 관련성이 없는 곳이다. 단지 미야자키의 '다카치호(高千穂)'라는 곳은 일본이라는 나라가 어떻게 만들어졌는지의 신화가 탄생했다고 할 만큼 멋진 자연환경을 자랑하고 있다. 마치 제주도의 올레길을 연상시킬 만큼 아름다운 곳이다.

특히 미야자키현에는 한국과 관련이 깊은 축제가 옛날부터 전해지고 있었다.

바로 시와스 축제인데 약 1,300년 전, 삼국시대 나라 백제의 왕족이 망명하던 중 미야자키현에서 배가 난파되었다가 미야자키현 주민들이 도와 왕족을 살렸다는 것을 기념으로 수백 년 전부터 매년 개최하고 있었다.

이렇게 미와자키와 한국과의 깊은 관련성 때문일까.

매년 이곳에 올 때마다 친근한 느낌이 드는 지역이다. 올해부터 이곳의 일본교회에 두 명의 청년들이 워킹홀리데이 비자로 와서 섬기고 있었다. 그 청년들에게 미야쟈키까지 온 이유에 관해 물어보니까 다음과 같은 이야기를 해 주었다.

"목사님의 섬김과 사랑이 전해져서입니다."

미야자키의 크리스천 커뮤니티교회를 담당하시는 '하나오카 코이치(花岡甲一)' 목사님은 한국교회와 선교사역에 관심이 많으신 분이다. 그분은 한국 청년들의 열정과 순수함에 감동해서 적극적으로 섬겨주고 있었다. 매일 청년들의 시간에 맞춰서 성경 공부와 큐티로 인도하며, 학생들의 필요한 것들을 물심양면 돕고 있었다.

그분의 모습을 볼 때마다 한일간의 어떠한 장벽도 보이지 않았다.

하나오카 목사님은 주님의 마음으로 오히려 한국을 사랑하고 섬기고 있었다. 그분은 한국과 한국인을 위해 섬길 수 있는 특권에 감사하고 있었다. 만약 상대방을 진심으로 섬기고 사랑한다면, 그 진심과 정성의 씨앗이 선교의 열매로 맺어질 것이다. 일본인 목사님의 사랑과 섬김으로 한국인 청년들의 마음을 움직인 것처럼, 한국인도 주님의 마음을

일본을 용서하고 선교 할 때입니다

품고 일본을 사랑하고 선교해야 하지 않겠는가.

인자는 섬김을 받으러 온 것이 아니라 섬기러 왔으며(새 번역 마태복음 20:28)

🪶 상처와 고통이 사명이 된다.

마음의 상처와 고통은 어떠한 형태로든지 누구에게나 가지고 있으며 어떤 의미와 가치를 부여하는 흔적이 될 수 있다고 생각한다. 실제로 자신의 내면적인 상처와 고통이 인생의 여정을 이끌어서 사명의 길로 인도한다. 헨리 나우웬도 "고통을 통해 얻은 상처가 다른 사람을 치유할 수 있는 약이 된다."고 하였다. 예수님은 십자가의 고통을 있는 그대로 받아들이셨고, 그 상처를 완전히 회복하셨다. 그래서 우리가 십자가를 바라보면 볼수록 참된 평안과 자유를 누릴 수 있는 이유도 여기에 있다.

그는 실로 우리가 받아야 할 고통을 대신 받고, 우리가 겪어야 할 슬픔을 대신 겪었다. 그러나 우리는, 그가 징벌을 받아서 하나님에게 맞으며, 고난을 받는다고 생각하였다. 그러나 그가 찔린 것은 우리의 허물 때문이고, 그가 상처를 받은 것은 우리의 악함 때문이다. 그가 징계를 받음으로써

우리가 평화를 누리고, 그가 매를 맞음으로써 우리의 병이 나았다.(새 번역 이사야 53:4-5)

얼마 전에도 일본에 강진이 있었다.

온종일 지진으로 인한 피해 소식이 들려왔다. 지금까지 사망자 수는 41명과 부상자 500여 명, 그리고 피난민 수 만 명이라고 한다. 그러나 아직도 건물 잔해 밑에 깔린 사람들이 많다고 하니 인명피해는 더 늘어날 것 같다. 특히 41명의 사망자와 그의 유가족들은 말할 수 없는 고통을 겪고 있을 것이다. 그들의 마음의 상처와 고통을 어떻게 이해하고 받아들이고 있을까. 일본인은 언제, 어디서 일어날지 모르는 지진에 민감하며 공포에 떨고 있다.

그러나 어떤 사람은 자신에게 일어나지 않은 일이라서 다행이라고, 자신과는 관계가 없는 일이라고 생각할 수 있다. 여전히 반일감정으로 인해 "이참에 단단히 혼나봐라!", "자업자득이다.", "별로 불쌍하지 않다."고 말하는 사람도 있었다. 나는 여전히 안타까운 마음으로 지진으로 고통 받고 있는 유가족의 심정을 깊이 애도하며 주님께 기도하였다. 그리고 주위의 사람들에게 중보기도를 부탁하는 메시지를 보냈다.

그러나 자연재해로 인해 고통 받고 있는 일본인을 위해 자

원 봉사하러 왔다가 선교사로, 목회자로 섬기고 계시는 분
도 있다. 그런 의미에서 어떤 사람의 상처와 고통이 다른 사
람의 사명이 될 수도 있다는 생각이 들었다. 비록 마음의 상
처와 고통으로 괴로울 수도 있겠지만, 주님은 모든 것을 협
력해서 선을 이루시는 분이다. 이번 지진으로 고통 받는 일
본인들이 하루빨리 회복하기를 기도하였다.

03

한국과 일본의 징검다리 ┄┄┄┄┄┄┄┄┄┄┄┄┄ _✑_

❦ 한국과 일본의 징검다리

일본의 시라하마(白浜)라는 곳에는 '삼단벽(三段壁)'이라는 곳이 있다.

이곳은 부산의 태종대처럼 아름다운 절경을 자랑하지만, 자살명소로도 유명한 곳이다. 그런데 이곳에 24시간 365일 희망전화를 설치해서 죽으려고 하는 사람들을 돕고 있는 곳이 바로 시라하마 침례교회이다.

이혼, 폭력, 도박, 마약, 술, 사기, 빛 등으로 자살하려고 했던 사람들과 함께 생활하며 사회에 다시 복귀하도록 섬기고 있다. 그런데 이들과 함께 생활하고 섬기기가 어디 쉽겠는가! 이 사역을 담당하시는 목사님은 육체적, 정신적으로 번 아웃 될 때, 그냥 이대로 죽어서 천국 가고 싶다고 기도한 적도 있다고 한다. 지칠 대로 지쳐서 그냥 죽기를 원한다고 기도해 보았지만, 이렇게 살아가야 할 이유도 주님의 뜻으로 이해하고 받아들이고 있었다. 이분의 열정적이고 헌신된 모습에 도전받은 한국인 청년들이 정기적으로 시라하마로 가서 선교 활동을 하고 있다.

그리고 시라하마 교회의 수요예배 때, 한국인 목사님이 설교하였는데 그 내용을 정리하면 다음과 같다.

"한국의 마케도니아인 이라고 불리는 이수정은 일본으로 건너가 기독교 농학자인 '츠다센(津田仙)' 박사를 만나 복음을 듣고 세례를 받습니다. 그 후에 복음서 중에 가장 짧고 표현도 간결한 마가복음을 번역합니다. 그래서 미국의 언더우드와 아펜젤러 선교사님이 한국으로 올 때, 이수정에게 한국어를 배우고 그가 번역한 복음서를 가지고 들어옵니다.

우리는 미국의 언더우드와 아펜젤러 선교사님의 한국 초기선교의 이야기는 잘 알고 있지만, 이수정에게 성경 알려준 츠다센 박사와 세례를 받도록 도와준 도쿄 노월정 교회의 이야기는 잘 모릅니다. 어찌 보면 한국 기독교가 전파된 것에 일본 그리스도인과 일본교회가 적극적인 도움을 주었기 때문입니다."

이수정에게 복음을 전한 츠다센 박사의 이야기에 신선한 충격을 받았다.

그리고 어느 일본인 노부부가 이수정의 이야기를 통해 큰 감동과 도전을 받았다고 말하였다. 지금의 한국교회가 부흥

한 것도 일본인과 일본교회의 역할과 기도에 있었다는 역사
적인 사실에 놀랐다는 것이다. 그러나 그분은 4대째 기독교
인이지만, 연약한 일본교회의 모습을 보면서 진심으로 주님
을 섬기지 못한 부분을 회개하였다고 고백했다. 한국인 목
사님의 설교를 통해 일본인 노부부의 신앙고백은 정말 놀라
운 사건이며 기적이었다.

이수정에게 복음을 전했던 츠다센 박사의 이야기는 한일
간 징검다리의 역할을 한 대표적인 사건이다. 그 징검다리
로 전해진 복음이, 이제는 한국인이 일본인에게 십자가의
사랑을 전하며 실천하고 있다.

⚜ 최초의 한글 비석

오늘은 한국의 선교팀이 다테야마 그리스도교회에서 수요
기도회를 인도하였다.

선교팀은 다테야마 교회의 성도들을 위해 식사와 찬양, 수
화. 선물을 준비하였다. 사실 일본에 처음으로 온 성도들도
있었고, 일본선교를 어떻게 해야 하는지 선교의 의미는 무
엇인지 잘 모르는 분도 있었다. 그러나 성도들이 정성스럽
게 준비한 식사와 개인 간증, 찬양과 율동은 주님의 사랑과

감동이 전해졌다. 특히 담임목사님의 설교 중에서 다음과 같은 내용이 있었다.

"우리가 하나를 이룬다는 것은 천국을 의미하며 일본과 한국이 진정으로 화해하기를 기도하겠다는 의미입니다. 비록 한일 간의 냉랭한 시기에 있지만, 주님 안에서 우리는 형제자매입니다."

모두가 처음 만나서 교제를 나누지만, 주님 안에서 깊은 우애를 확인할 수 있었다. 예배가 끝난 뒤, 어느 90세 가까운 일본인 성도가 선교팀을 위해 직접 수확한 수박을 대접해 주었다. 잠시 선교팀을 위해 수박을 섬기게 된 이야기를 하고 싶다고 하였다. 구부러진 허리와 힘없이 일어서서 작은 목소리로 말하였지만, 진심이 담긴 간증이었다.

이번 선교팀을 대접하기 위해서 자신의 가꾸던 밭에서 수박을 수확했는데, 신선하고 당도 높은 수박을 고르기가 힘들었다고 하였다. 그래서 가장 크고 맛있게 보이는 수박을 아홉 개를 쪼개보고, 그중에서 가장 맛있는 수박을 가져왔다는 것이다. 작은 것에 감사하며 정성스럽게 대접하려는 일본인의 신앙 자세를 배우게 되었고, 한일의 관계는 오직 예수 그리스도의 사랑과 섬김만이 극복할 수 있다고 확신하였다.

그리고 이곳에는 일본에서 만들어진 최초의 한글 비석이 있다.

'다이간인(大藏院)'이라고 불리는 이 비석은, 17세기경에 도쿠가와 이에야스가 임진왜란 때 죽은 사람들과 일본으로 끌려온 조선인을 위로하며, 한일간의 좋은 관계유지를 기원한다는 취지로 세웠다는 설이 있다고 한다. 역사적으로 볼 때 도저히 사랑할 수 없는 일본이지만 자신들의 잘못을 인정하고 용서를 구하는 이런 역사적인 증거들이 널리 알려져서 한국교회와 성도들이 주님의 사랑으로 일본선교에 적극적으로 동참하도록 섬기는 징검다리의 역할을 해야겠다고 결심하였다.

✒ 하나님의 동역자

오늘부터 일본 규슈지역으로 단기선교를 떠난다.

한국인 청년들이 팀을 이루어 선교 활동을 하게 된다. 어느덧 5년째 이 사역을 섬기고 있지만 매년 주님이 주시는 은혜와 간증이 새롭다. 특히 일본선교를 통해 일본에 대한 마음과 시점이 바뀌는 청년들을 볼 때, 모두가 하나님의 동역자라는 생각이 든다.

일본을 용서하고 선교 할 때입니다

누군가는 일본선교는 밑 빠진 독에 물 붓기처럼 비효율적이라고 한다.

일본선교가 효율적인 방법으로 열매가 맺어진다면 얼마나 좋겠는가. 사실 선교 활동 뒤에 남은 것은 그루터기라는 모습에 안타까워한 적이 한두 번이 아니었다. 그런데도 일본선교를 해야 하는 이유는 기독교 선교 470여 년간 주님은 일본을 한 번도 포기하지 않으셨고, 많은 사람들을 통해서 선교의 바통을 이어가고 있기 때문이다. 무엇보다도 네 원수를 사랑하라는 주님의 말씀을 기억한다면 한국이 일본선교를 해야 하는 이유가 분명해진다.

그러나 나는 너희에게 말한다. 너희 원수를 사랑하고, 너희를 박해하는 사람을 위하여 기도하여라. (새 번역 마태복음 5:44)

현재 몇몇 청년들이 일본선교의 비전을 품고 준비하는 모습도 보았다.

따라서 선교의 열매를 맺느냐 그렇지 않으냐의 시점보다, 선교는 주님의 마음이라는 사실을 깨달아지고, 소수의 사람이라도 일본선교의 비전이 품어진다면 그것으로 충분하지 않겠는가.

선교는 하나님의 마음이며, 선교지로 떠나는 사람은 선교

사라고 생각한다. 만약 주님이 우리에게 허락하신 제한된 범위 내에서 선교한다면, 상황과 환경을 초월하신 주님의 은혜와 간증을 체험할 수 있을 것이다. 이번 선교를 통해 주님의 보여주실 일들이 무엇일까. 일본선교를 위해 떠나는 청년들을 위해서 잠시 기도한다. 이들은 모두 하나님의 동역자임에 감사드린다.

거기에서 배를 타고 안디옥으로 향하여 갔다. 이 안디옥은, 그들이 선교 활동을 하려고 하나님의 은혜에 몸을 내맡기고 나선 곳이다. 이제 그들은 그 일을 다 이루었다.(새 번역 사도행전 14:26)

❦ **그냥 먹고 마시면서 편안하게 이야기하세요.**

일본의 대표적인 쌀인 '코시 히가리'의 본산지인 니가타(新潟)에 방문하였다.

이곳에는 복음주의 신학교인 '니가타 성서학원'라는 곳이 있다. 그곳에 유일한 한국인 교수님과 만남을 가졌다. 이분은 일본인 신학생들에게 신학 수업을 하면서 번역사역을 하고 있었다. 그리고 일본교회를 순회하면서 힘들고 어려운 일본인 목회자를 격려하면서 돌보고 있었다.

그분은 오랜 시간 주님께 훈련과 연단을 받고 일본 선교사가 되었다고 하였다.

앞으로 독신으로 살면서 제자 양육을 통해 다음 세대를 키우는 징검다리의 사명을 완수하려고 하였다. 특히 지난 세월 동안 축적된 지식과 경험이 묻어나는 말씀을 해 주셨다.

"너무 비현실적으로 살지 마세요. 주님이 우리에게 이성을 주신 이유도 합리적으로 생각하라는 뜻입니다. 그러니 두 눈은 하늘을 바라보고 두 다리는 땅에 딱 버티고 서 있어야 합니다"

"어떤 문제에 너무 많이 고민하지 마세요. 선한 동기, 양심, 믿음이 있다면 행동하세요. 물론 갈등과 고민은 여전할 것입니다. 중요한 것은 주님께서 책임지고 일하실 것이라는 믿음입니다. 그 믿음은 행동으로 나타나게 되어 있습니다"

이분과 함께 지내면서 마음 깊이 새긴 단어가 있었는데 바로 '섬김'이었다.

왜냐하면 2박 3일간의 호텔비용과 모든 식사비를 지불해 주었고, 차비도 내주었다. 정말 분에 넘치는 섬김이었다.

'아니 이분은 무슨 돈이 있어서 이렇게까지 잘해주는 것일까?'

정말 고마웠지만, 오히려 폐를 끼치는 건 아닌가는 마음이 들었다.

그래서 "교수님! 왜 이렇게 잘 챙겨주시나요? 솔직히 부담되네요. 오히려 제가 섬기지 못해서 미안한 마음마저 듭니다." 고 말하였다.

그러자 그분은 다음과 같이 말하였다.

"부담 갖지 마세요. 오히려 제가 섬길 기회를 준 것에 감사하고 있어요. 그러니 형제님도 뭔가 목적을 가지고 만나지 마세요. 그냥 누군가를 만나서 함께 먹고 마시면서 편안하게 이야기하세요. 아낌없이 나누고 섬기고 베푸세요."

순간 일본선교의 핵심이 바로 섬김에서 시작하는 것이라는 생각이 들었다. 그리고 주님이 주신 말씀이 있었다.

내가 진정으로 너희에게 말한다. 이 작은 사람들 가운데 하나에게, 내 제자라고 해서 냉수 한 그릇이라도 주는 사람은, 절대로 자기가 받을 상을 잃지 않을 것이다.(새 번역 마태복음 10:42)

주님은 냉수 한 그릇이라도 주는 사람에게 상을 주겠다고 하였다.

따라서 상대방과 그냥 먹고 마시면서 편안하게 이야기를 나누는 것만으로도 충분하다는 것이다. 일본선교는 뭔가 크고 대단한 일을 하는 것이 아니라, 단 한 명이라도 주님의 마음을 품고 정성스럽게 섬기는 것에 있었다. 비록 작고 사소한 것이라도 상대방을 위해 정성스럽게 섬길 때 말할 수 없는 감동과 은혜를 누릴 수 있을 것이다. 그분의 섬김이 내 마음에 가득 채워진 것처럼 말이다.

🪶 믿음의 동역자의 기도

매월 믿음의 동역자들에게 '그루터기의 싹' 이라는 선교 편지를 발송하고 있다.

알타이 선교회에서 일본 선교사로 파송 받은 뒤부터, 꾸준히 보내고 있다. 비록 선교 편지를 쓰는 것에 많은 시간이 걸리지만, 한 명 한 명에게 정성스럽게 보내면서 일본에 대한 주님의 마음과 은혜를 함께 나누는 것에 감사가 되었다. 문득 이렇게 한국과 일본을 잇는 징검다리의 역할을 하고 있구나라는 생각이 든다.

또한 한 달간의 일본선교 활동을 되돌아보며 이후의 선교 계획과 기도를 부탁하고 있다. 그러나 매일 일본선교 현장에서 지내면서 전혀 생각하지 못한 상황과 문제에 직면하다 보면 당황하고 혼란스러울 때가 많다. 그러나 그럴 때마다 주님을 더 바라보고 기도하게 되었다. 마치 광풍 속에서도 평안함과 감사의 고백을 하는 것처럼 말이다. 참으로 놀라운 일이 아닐 수가 없다.

얼마 전에 선교 편지를 보낸 뒤, 어느 목사님에게 답장이 왔다.

그 답장을 읽는 순간에 왜 내가 어려운 상황 속에도 평안함과 감사의 고백을 하는지 그 이유를 깨닫게 되었다. 바로 믿음의 동역자들의 중보기도 덕분이었다.

> **또 하나님께서 전도의 문을 우리에게 열어주셔서, 우리가 그리스도의 비밀을 말할 수 있도록, 우리를 위해서도 기도하여 주십시오. 나는 이 비밀을 전하는 일로 매여 있습니다.**(새 번역 골로새서 4:3)

매월 보내는 선교 편지로 교회의 성도들이 일본에 대한 주님의 마음을 함께 공유하고 있었다. 그리고 나는 이분들의 기도를 통해서 일본선교를 감당할 수 있는 힘과 용기를 얻고 있었다. 일본에 대한 연구와 기록을 결코 소홀히 할 수 없는 이유가 되었다. 그 내용은 다음과 같다.

일본을 용서하고 선교 할 때입니다

"청민아, 고맙다. 너가 보내준 선교 편지로 철야 예배 시간에 다 함께 선교 편지를 읽고 기도하고 있어. 선교 편지로 인해 성도님들도 더욱 너의 상황을 잘 알게 되고, 구체적으로 기도하게 되어 좋아하시더구나. 너의 선교 편지는 우리 교회 성도님들의 기도 제목이요. 소망이자 비전이란다. 소식 보내줘서 고마워. 우리 교회 또한 일본 단기선교 동참할 수 있도록 기도로, 훈련으로 잘 준비되길 바란다. 그날이 얼른 왔으면 좋겠어."

매월 보내는 선교 편지가 한국과 일본의 징검다리가 된 사실에 감사드리며, 일본과 일본인을 품고 기도하고 있는 한국교회가 있다는 것에 큰 힘과 용기를 얻는다.

04 예수님과 친밀한 동행 ✒

🕊 왼쪽으로 틀어진 목뼈

몇 달 전부터 목덜미가 뻐근하다는 느낌을 들었다.

그냥 그러려니 하고 지냈지만, 최근에는 목덜미가 심하게 당기면서 고통스러웠다. 목과 양쪽 어깨의 통증을 참고 견디다가 결국에 접골원에 갔다.

일본인의 세심함으로 몸 상태를 꼼꼼히 점검해주었다.

그분의 설명으로 "목뼈가 왼쪽으로 틀어져 있어서 왼쪽 골반에 다리가 2cm가 짧다." 라고 하였다. 특히 척추의 3번과 4번이 틀어져 있어서 카이로 프랙틱스를 권면해주었다.

조금 부담스러운 비용이었지만, 한번 척추 교정을 받아보기로 하였다.

긴 테이블에 누워서 목뼈와 척추, 골반으로 이어지는 뼈에 자극을 주었다. 뚝하는 소리와 함께 기운이 빠지는 듯한 느낌을 받았다. 여러 과제와 석사 논문, 출판 준비로 평소보다 책상에 앉아 있는 시간이 많아지다 보니 잘못된 자세로 지냈다. 만약 왼쪽으로 틀어진 목뼈와 골반을 바른 자세로 교정하지 않는다면 틀어진 자세로 몸이 굳어진 채 익숙해져 버리고 말 것이다.

그래서 오른쪽의 목뼈와 골반 쪽에 체중을 두고 의식하면서 일상생활을 하였다.

앉는 자세와 걷는 것도 불편하였고 평소보다 피로감이 더 몰려왔다. 어쩌면 주님은 현재의 몸 상태를 통해서 나의 영적 상태를 알려주시려고 한 것은 아닐까라는 생각이 들었다.

혹시 자신의 열정과 열심을, 꽤 괜찮은 신앙으로 의식하고 있지는 않은가. 미워하고 싫은 사람이 있으면서도 자신은 용서받고 구원받았다고 확신하는가. 여러 상황과 관계 속에서 걱정과 염려로 주님을 의식하지 못한 적이 얼마나 많았던가. 실제로 자신의 영적인 상태가 정상이라고 생각하지만 실제로 틀어진 영적인 문제가 있다는 것이다. 순간 주님이 말씀이 있었다.

그러므로 네가 어디에서 떨어졌는지를 생각해 내서 회개하고, 처음에 하던 일을 하여라. 네가 그렇게 하지 않고, 회개하지 않으면, 내가 가서 네 촛대를 그 자리에서 옮기겠다.(새 번역 요한계시록 2:5)

그리고 내 마음 깊은 곳에 있는 우울함, 무관심, 교만함, 게으름, 나태함, 이기심 등 비뚤어진 마음을 보게 되었다. 왼쪽으로 틀어진 목뼈처럼 틀어진 영적 자세를 바로잡지 않는다면 신앙생활에 큰 문제를 일으킬 수 있다는 생각이 들었다. 앞으로 꾸준히 주님과의 친밀한 관계 속에서 틀어진 영적 자세를 바로 교정해 나가야겠다.

🪶 청색 끈을 보아라!

얼마 전에 허드슨 테일러의 묵상집을 읽다가 민수기 말씀에서 '청색 끈'이라는 단어가 눈에 들어왔다. 지금까지 성경을 많이 읽었지만, 이런 단어가 있었는지 몰랐다.

> **너희는 대대손손 옷자락 끝에 술을 만들어야 하고 그 옷자락 술에는 청색 끈을 달아야 한다. 너희는 이 술을 볼 수 있게 달도록 하여라. 그래야만 너희는 주의 모든 명령을 기억하고 그것들을 실천할 것이다. 그래야만 너희는, 마음 내키는 대로 따라가거나 너희 눈에 좋은 대로 따라가지 아니할 것이고 스스로 색욕에 빠지는 일이 없을 것이다.**(새 번역 민수기 15:38-39)

이스라엘 백성들은 옷 가장자리 끝에 청색 끈을 달았고,

십계명을 기억하면서 말씀에 순종하는 생활을 하였다. 그들은 어디를 가든지 청색 끈을 달고 다녔다. 광야에서 뛰어노는 아이들, 천막 안에서 살림살이를 하는 여인들, 물건을 파는 상인들, 성막에서 제사를 준비하는 사람들이, 여기저기서 나풀거리는 청색 끈을 보면서 어떤 생각을 하였는지 곰곰이 묵상하였다.

하나님은 이스라엘 민족에게 매 순간 말씀을 기억하면서 말과 행동 그리고 마음으로도 죄를 짓지 않도록 청색 끈을 보게 하셨다. 그들은 이 끈을 보면서 매 순간 하나님의 계명과 말씀을 의식하면서 살았을 것이다. 남을 속이거나 거짓말을 하지 않았을 것이며, 자신은 손해 보더라도 상대방의 이익을 위해 섬겼을 것이다. 살아계신 하나님이 그들을 지켜보고 있었기 때문이다.

하나님은 지금도 나에게 삶의 작고 사소한 부분까지도 예수님의 마음을 품고 말하고 행동하라고 하신다. 예수님을 바라볼 때 사소한 거짓말과 불순한 행동을 할 수 없었다. 또한 미워하고 싫어하는 사람을 비판하거나 성급하게 행동할 수 없었다. 특히 삶의 전 영역에서 예수님이 나와 함께 계신다는 것을 의식하다 보니 어떤 상황과 처지에서도 자족할 수 있었다.

그러나 종종 다듬어지지 않은 성품이 드러나기도 하고, 어떠한 사실을 부풀려서 말하거나 자신에게 유리하게 이야기한 적도 있었다. 일이 잘 풀리지 않을 때면 쉽게 짜증이 내기도 하였고, 죄악 된 생각을 품고 행동을 한 적도 있었다. 하나님이 요구하시는 그리스도인 거룩함과 정결함의 수준은 숨이 막혀서 '주님! 저에게 너무 수준 높은 것을 요구하고 계신 건 아닌가요?' 라며 기도하기도 하였다.

그러나 문득 (故) 옥한흠 목사님의 설교가 어렴풋이 떠올랐다.

"아버지는 자녀가 훌륭하고 멋지게 성장하기 원한다. 그래서 수준 높은 것을 요구하실 때가 있다. 그때는 자식에 대한 아버지의 마음일 것이다."

비록 매번 넘어지고 좌절하더라도 나에 대한 아버지의 마음이 전해졌고, 때로는 수준 높은 것을 요구하시지만 성장시키려는 뜻을 이해할 수 있었다. 이런 하나님을 의식하고 사는 것이 얼마나 중요한지 깨닫게 되었다. 이스라엘 백성은 옷에다가 청색 끈을 달아서 하나님의 명령을 기억하며 실천했지만, 나는 이런 청색 끈을 달 필요가 없다. 왜냐하면 이미 내 안에 예수님이 계시기 때문이다. 매 순간 예수님만 의식하면서 주님을 더욱 닮아가길 기도해 본다.

일본을 용서하고 선교 할 때입니다

🖋 온종일 엄마를 바라보는 딸

현재 일본은 인플루엔자가 유행하고 있어서 마스크를 쓰고 있는 사람들이 많아졌다. 그래서 아내와 나도 마스크를 쓰고 손을 깨끗이 씻고 있었지만, 딸 아이가 39도까지 열이 나서 몸살을 앓았다. 눈물과 콧물을 흘리는 아이의 모습을 보면서 애간장이 탔고 이것저것 신경이 쓰이는 일이 한둘이 아니었다.

순간 가족 중에 누군가가 아프면 아무 일도 집중할 수 없다는 사실과 주님이 건강을 지켜주시는 은혜가 얼마나 큰 것인지를 다시금 깨닫게 되었다. 평소 당연하게 생각했던 것도 모두 주님의 은혜와 보호하심이었다는 생각에, 일상의 감사를 소홀히 했던 것을 반성하게 되었다.

마스크를 끼고 아이를 돌보고 있었는데 아이의 시선이 계속 엄마를 바라보고 있다는 것이 느껴졌다. 혹시나 해서 엄마가 안 보이는 왼쪽으로 돌리면 오른쪽으로 머리를 돌리고, 다시 오른쪽으로 돌리면 왼쪽으로 머리를 돌렸다. 그리고 엄마가 자신의 시선에서 사라지는 순간 울어버렸다.

'요 녀석. 아빠가 옆에 있으면서도 엄마만 바라보고 있구나!'

조금은 섭섭한 마음이 들었지만, 온종일 엄마한테서 눈을 떼지 않으려는 딸의 모습에서 한 구절의 말씀이 떠올랐다.

믿음의 창시자요 완성자 이신 예수를 바라봅시다.(새 번역 히브리서 12:2)

예수님을 바라본다는 것이 이러한 모습이지 않을까.

온종일 엄마한테서 눈을 떼지 않으려는 딸아이는 엄마와의 친밀한 관계 이상으로 없어서는 안 되는 존재이다. 마찬가지로 나의 인생도 예수님 없이는 살아갈 수 없었다.

종종 심한 절망과 낙심에서 오는 자괴감으로 잠을 잘 수 없거나 무기력할 때도 있었다. 하는 일마다 의욕이 없고 내가 왜 살아가야 하는지 회의감마저 들었다. 그러나 콧물과 눈물로 뒤범벅이 된 나의 얼굴을 닦아주셨던 순간들이 파노라마처럼 스쳐 지나갔다. 되돌아보니깐 모든 순간에 주님이 나와 함께 계셨다. 단지 내가 그것을 의식하지 못하고 바라보지 못했던 뿐이었다. 온종일 엄마를 바라보는 딸을 보면서 예수님과의 친밀한 동행에 대해 깊이 생각하게 되었다.

🖋 우리 주여 오시옵소서!

예전부터 천국에 대해 생각할 때 너무 막연하고 명확하지 않아서 간절함이 들지 않았다. 솔직히 주님이 다시 오심에 대한 기대감이 별로 없었다. 오히려 현실에서 부딪치는 일들만 생각해도 답답하고 버겁기만 할 뿐이었다. 단지 맡겨진 일을 열심히 섬기는 것이 그리스도인의 삶이라고 이해하고 있었다. 언젠가 예수님이 다시 오실 것이라는 막연한 생각만 하였다.

얼마 전에 20년간 섬겼던 교회에서 예배를 드렸다.

예배에 참석하려고 맨 뒷자리에 앉아 있는데 어릴 적부터 함께 교회를 섬겼던 나이 드신 여집사님이 옆자리에 앉은 뒤에 눈을 지그시 감으셨다. 나는 조심스럽게 성경책을 펼쳐드렸더니 부산 사투리로 다음과 같은 말씀을 하셨다.

"고마버예. 근데 제가 눈이 보이지 않아가꼬요. 그냥 귀로 목사님 설교를 듣고 있어예. 성경책은 괜찮아예."

설교가 끝난 뒤에 다 일어나서 '여기에 모인 우리'의 찬양을 함께 불렀다.

"여기에 모인 우리 주의 은총 받은 자여라. 주께서 이 자

리에 함께 계심을 아노라. 언제나 주님만을 찬양하며 따라
가리니 시험을 당할 때도 함께 계심을 믿노라. 이 믿음 더욱
굳세라 주가 지켜 주신다. 어둔 밤에도 주의 밝은 빛 인도하
여 주신다."

혹시나 해서 집사님의 찬송가를 펼쳐드리니, 겨우 일어서
서 한쪽 손으로 찬송가 한쪽 귀퉁이 면을 잡으셨는데 손을
심하게 떠셨다. 목사님의 축도가 끝난 뒤에, 그 집사님께 인
사를 드리려고 보니, 그분의 눈 주위가 눈물로 범벅이 되어
있었다. 도저히 그 자리를 떠날 수 없었다.

"집사님, 그동안 잘 지내셨나요? 요즘 어떻게 지내세요?"

"실은예. 몇 년 전부터 중풍 걸리가꼬예.
손도 떨고 다리도 떨고 걷는 것도 힘들어예.
그래도 교회에 나오고 말씀 듣고 찬송 부르면예. 그냥 좋
아예"

더 이상 아무런 말을 할 수가 없었고, 그 말을 듣고 나도
눈물이 났다. 그 어떤 신학적, 교리적 해석보다 내 마음에
큰 울림이 있었기 때문이었다. 그 여집사님의 손을 잡고 펑
펑 울었다. 이 집사님의 간절한 소망은 무엇일까. 다시 오실
주님을 기다리며 주님과 함께 천국에서 사는 것이 아니겠는

가. 순간 주님께 한 가지 결단하였다. 영원한 본향인 천국을 품고 살아가면서 선교하겠다고 말이다.

🌱 예수님과 동행하는 삶

최근에 예수님과의 친밀한 동행과 영성일기 신앙운동을 하는 유기성 목사님을 직접 만날 수 있었다. 일본 치바(千葉)에서 하치오지(八王子)까지는 자동차로 2시간, 지하철로 1시간이 걸리는 거리였지만 그건 나에게 전혀 문제가 되지 않았다. 반드시 꼭 만나고 싶은 영적 스승과도 같은 분이기 때문이다.

2013년경, 내 인생에서 가장 절망적이고 어떤 희망이 보이지 않은 시기에 우연히 유튜브 설교 영상을 통해 유기성 목사님의 설교를 듣게 되었다. 강해 설교인 것으로 어렴풋이 기억하고 있지만, 설교의 모든 결론이 24시간 예수 그리스도를 바라보며 친밀한 관계였다. 그전까지만 해도 나는 하나님과의 관계를 주인과 종의 관계로만 이해하고 있었고, 무섭고 두려운 분이라고 느끼고 있었다.

이와 같이 너희도 명령을 받은 대로 다 하고 나서 우리는 쓸모없는 종입니다. 우리는 마땅히 해야 할 일을 하였을 뿐

입니다 하여라.(새 번역 누가복음 17:10)

그러나 나와 예수님과의 친밀한 관계를 가질 수 있다는 사실에 큰 충격을 받았다. 단지 내 안에 계신 예수님을 바라보는 것만으로 충분하다고 하였다.

이제부터는 내가 너희를 종이라고 부르지 않겠다. 종은 그의 주인이 무엇을 하는지를 알지 못한다. 나는 너희를 친구라고 불렀다. 내가 아버지께서 들은 모든 것을 너희에게 알려주었기 때문이다.(새 번역 요한복음 15:15)

믿음의 창시자요 완성자이신 예수를 바라봅시다.(새 번역 히브리서 12:2)

그 후로부터 유기성 목사님의 설교를 얼마나 많이 반복해서 들었는지 모르겠다. 거의 그분의 설교를 외우고 다닐 정도였고, 그 말투와 표현을 따라 하면서 내 말과 글에 많이 녹아질 수 있도록 훈련하였다. 그리고 개인 블로그로 오픈하면서 매일 예수님과의 친밀한 관계 속에서 주신 은혜와 깨달음을 일기로 기록해 두었다.

어느덧 7년이 지나고 나의 모습을 되돌아보니 많은 것이 바뀌어 있었다.

일본을 용서하고 선교 할 때입니다

남몰래 지은 죄들, 함부로 말과 행동을 했던 것들, 자기 고집과 교만함, 실수와 실패에 대한 두려움, 타인을 함부로 대하는 태도 등. 자신이 말할 수 없는 죄인이라는 것을 깨닫고 회개하게 되었다.

그뿐만 아니라 예수님을 믿는다는 것은 막연하게 신앙생활을 하는 것이 아니라, 실제로 나와 함께 계시는 예수님을 의식하며 친밀한 관계를 맺는 것이다라는 사실을 깨달았다. 때로는 나의 연약함과 부족함으로 무너지고 좌절한 적도 많았지만, 그때에도 예수님을 바라보면서 주신 마음을 일기로 기록해 두었다. 그 일기들을 보면서 얼마나 회개하면서 울었던지.

유기성 목사님의 설교를 끝난 뒤, 기도를 받기 위해 앞으로 나아갔다.
순간 그분의 인자한 모습은 마치 예수님을 보는 듯하였다. 선한 인상과 상냥한 목소리는 어떠한 형식과 권위를 느낄 수가 없었다. 단지 예수님을 얼마나 사랑하는지 그 마음이 전해졌다.

집으로 돌아가는 길에 주체할 수 없는 눈물이 흘러내렸다.
성령님이 내 마음을 만지고 계신다는 것을 알 수 있었다. 예수님과 친밀한 관계를 맺는 사람과의 만남이 얼마나 행복한지. 일본에서도 예수님과 친밀한 동행을 하는 삶을 살면서 함께 동역할 수 있는 사람들을 만나고 싶다. 마지막으로 그분이 책에 적어준 몇 줄의 말이 가슴 깊이 새겼다.

박청민 선교사님께!
예수님과 동행하는 삶을 사시기를 축복합니다.
유기성 목사

제3부

일본선교의 사명

🖋 일본선교의 한 줄기 빛을 보았다.

일본은 선교역사로 본다면 한국보다 약 400년이나 앞서 있다. 그렇지만 어느 선교자료에 따르면 일본의 전체 인구 0.4%가 기독교인(약 60만 명)이며, 교회 수는 약 7,800개, 평균 성도 수는 32명, 평균 세례자 수는 1.3명, 평균 성도 연령은 63세, 목회자의 평균 연령도 65세라고 한다. 선교의 불모지라고 해도 과언이 아니다.

따라서 일본인의 99%이상이 예수님을 믿지 않는다는 말이다.

어떤 일본인은 예수님을 성인군자 중의 한 명으로 이해하고 있으며, 성경을 윤리 도덕적으로 훌륭한 책으로 읽고 있다. 그리고 크리스마스를 산타클로스의 생일로 알고 있는 사람들도 있었다.

"일본은 왜 이렇게 그리스도인이 적은가?"
"일본선교가 되지 않은 이유는 무엇인가?"

사실 이런 주제로 일본교단과 신학교 내에서 많은 토론과 연구를 하고 있다.

그러나 번뜩이는 해결책을 제시한다고 해도 밑 빠진 독에 물 붓는 듯한 느낌이 든다. 왜냐하면 영적인 부흥을 일으킬 일본교회 현실은 초라하게 보였기 때문이다.

그러나 오사카의 마츠바라 성서교회에 방문할 기회가 있었다.

목재로 지은 건물의 따뜻함과 '노구치 토미히사(野口富久)' 목사님의 오사카 사투리는 친근감이 들었다. 일본인 성도들은 밝은 표정으로 정중하게 맞아주시면서 자신의 바뀐 삶과 영혼전도에 대한 이야기를 해주었다.

대부분의 일본 그리스도인들은 전도하거나 영혼을 섬긴 경험이 많지 않다. 미신자 전도와 양육은 목회자의 몫이라는 것이 일반적인 생각이다. 그러나 노구치 목사님의 열정과 기도를 통해서 성도들의 의식이 바뀌어 갔다. 어떤 일본인 성도는 다음과 같이 고백하였다.

"저는 도저히 전도할 수 없다고 생각하였습니다. 그러나 미신자를 식사 모임에 초대해서 같이 밥을 먹는 것은 할 수 있었습니다. 거기서 자연스럽게 그리스도인의 삶을 보여줄 수 있었습니다. 점점 그들의 마음이 열리고 세례를 받는 모습을 보고 정말로 하나님이 살아계신다는 것을 체험하게 되었습니다."

비록 일본교회의 현실은 초라하지만, 영혼 구원과 제자를 세우고 있었다. 주님은 보이지 않는 곳에서 신실한 그리스도인을 통해서 일본교회를 세워가신다는 것을 깨달았다.

그리고 이 교회에는 '통천각(通天閣)'이라는 중보기도실이 있었다.

그 말은 하늘로 통하는 문이라는 의미가 있는데, 교회의 모든 성도가 일본선교를 위해서 기도하고 있었다. 그곳에서 목재의 은은한 향기와 창문으로 비치는 빛을 보는 순간, 말할 수 없는 거룩함과 경건함이 전해졌다. 순간 통천각을 통해서 일본선교의 한 줄기 빛을 보았다. 이런 교회가 있는 한 주님은 일본선교를 포기하시지 않으실 것이다.

진리는 고독해도 날마다 담대하리라.

얼마 전에 침례교 일본인 목사님과 깊은 교제를 나눈 적이 있었다.

'아마리 신지(天利信司)' 목사님은 치바의 아비코 침례교회

의 담임목사이다. 그는 30년간 필리핀 선교를 하면서 필리 핀에 신학교를 설립하였고, 일본 내에서도 10여 곳을 개척 하였다. 특히 '희망의 등불(希望の灯)' 라디오 방송을 통해 복 음을 전하고 있었다. 이렇게 작은 교회에서 광범위한 선교 활동을 하는 것이 놀라웠다.

하지만 일본선교의 힘든 것들을 토로하면서 함께 선교를 감당할 수 있는 목회자가 없다고 하였다. 그리고 유아세례 를 거부하는 침례교의 특성상, 타교단과의 협력이 어려운 처지라서 외롭다는 것이다. 그리스도인이 0.4%인 일본에서 도 각 교파와 교단들이 이리저리 선을 긋는 모습이 참 안타 까웠다. 일본교회에 대한 복잡한 생각이 들었다.

사실 선교 활동이 다 좋은 결과로 이어지는 것은 아니다. 일본인이 전도되고, 성도들의 신앙이 성장해서 일본교회 가 성장한다면 얼마나 좋겠는가. 그런데 그동안 일본 생활 을 하면서 내가 보고 경험한 바로는, 대부분의 사역 뒤엔 그 루터기만 남아 있는 모습들이었다. 정말 안타까운 현실이 만, 일본선교가 그런 것이라고 말할 수도 있다. 그리고 또 누군가가 그 그루터기 위에 땀과 눈물을 뿌려 놓는다.

일본기독교 선교역사만 본다면 약 470년이 되지만 최후 진국인 선교 국가라고 볼 수 있다. 그래서 일본선교는 죽음

의 늪이라고 표현할 정도이다. 그래서 일본인, 재일교포, 다
문화 가정에서 태어난 자녀 예외 없이 일본 사회에서 그리
스도인으로 살아가는 것이란, 아흔아홉 명의 가치관과 세계
관이 다른 한 명으로써 살아가는 것을 뜻한다. 그리고 일본
선교사는 이런 그리스도인 한 명을 섬기며 넌 크리스천 아
흔아홉 명을 전도해야 하는 십자가의 멍에를 져야 한다고
생각한다.

'일본교회에 부흥이 찾아올까?'
'일본에 대한 주님의 계획은 무엇인가?'
'일본선교를 위해서 어떻게 준비해야 하는가?'

외롭고 쓸쓸한 이 길을 가고 싶은 사람이 몇몇이나 될까.
문득 "진리는 고독해도 날마다 담대하리라."의 최춘선 할아
버지의 모습이 떠올랐다. 주님은 진리의 복음을 전하는 것
은 고독하지만, 진리 속에 담긴 능력을 믿으라고 말씀하셨
다. 그리고 주님이 각자에게 주신 사명에 맞게 살아가도록
힘과 용기를 주시겠다고 하셨다. 비록 일본교회가 작고 보
잘것없어 보여도 끊임없이 기도하게 하시는 이유가 여기에
있었다.

🖋 일본 교회의 도움

지금 신학대학원의 학비와 생활비가 상당한 금액이 든다. 식사비, 교통비, 보험비, 통신비, 책값 등 도저히 감당할 수 없었다. 올 초부터 가진 돈이 바닥이 드러나면서 결국 일 년 동안 학교급식을 취소했다.

지금까지 나를 지원해주는 곳이 한 곳도 없다. 주위에서는 도대체 어떻게 할 생각이냐는 걱정의 말을 자주 한다. 비록 답답하기는 하지만 전혀 걱정되지 않다고 대답한다. 문득 이것이 믿음이라는 생각이 들면서 지금까지 나를 인도해주신 주님을 바라보게 되었다.

얼마 전에, 어느 일본 교회에서 외국인 유학생을 지원하는 장학금을 신청하였다. 구비서류를 넣고 면접을 보고 기다렸는데 한 통의 메일이 왔다.

"저희 교회가 형제님을 일 년간 지원하기로 하였습니다. 교회로 와서 성도들 앞에서 짧은 인사와 간증을 해 주시기를 부탁드립니다."

이 교회 이름은 '하마다야마 그리스도교회' 였다. 사실 경제적으로 가장 힘들고 어려운 시기였는데, 마치 사막의 오

아시스를 만난 듯한 느낌이었다. 짧은 간증을 끝내자 장학생 위원장이 다음과 같이 이야기를 해주셨다.

"잠시 장학금의 의미를 말씀드릴게요. 지금은 돌아가셨지만, 저희 교회의 '후나기 신(舟喜信)' 목사님께서 미국의 호이튼 대학에서 신학 공부를 할 때, 어느 미국 교회가 생활비를 지원해주었습니다. 그때 미국인 목사님이 '형제님이 일본에 가서 목회한다면 아시아 학생에게도 동일하게 섬기시길 바래요' 라고 하셨습니다."

후나기 목사님은 그 따뜻한 섬김을 잊지 않고, 일본으로 돌아와 목회하면서 18년간 매년 한 명의 유학생에게 지원하고 있었다. 누군가가 뿌린 씨앗이 이렇게 열매를 맺는 거라는 생각과 함께 몰려오는 감동과 감사를 주체할 수 없었다.

사도 바울이 전도 여행을 다니며 복음의 전할 초기에 도와준 유일한 곳이 바로 빌립보교회였다. 아마도 빌립보교회에 대한 사도 바울의 마음은 남달랐을 것이다. 가장 힘들고 어려울 때 도와준 사람이 있다면 어떻게 잊어버릴 수가 있을까. 나도 동일한 심정이었다.

빌립보의 교우 여러분, 여러분도 아는 바와 같이 내가 복음
을 전파하던 초기에 마케도니아를 떠날 때에 주고받는 일

로 나에게 협력한 교회는 여러분밖에 없습니다(새 번역 빌립
보서 4:15)

앞으로 1년간 일본교회의 성도들의 땀과 눈물로 모아주신
돈으로 생활하게 된다. 이 도움과 섬김이 일본선교에 온전
히 쓰일 수 있도록 결단하였고, 모든 것을 합력해서 선을 이
루시는 주님을 감사와 찬양을 드렸다.

❦ 성경을 사랑합니다.

어느 일본교회를 방문 할 기회가 있었다.

이 교회는 주택가 구석에 있어서 눈에 잘 띄지 않지만,
지난 30년간 100여 명의 성도로 성장한 곳이었다. 일본교
회는 점점 고령화가 되어가고 목회자가 없는 교회가 많아지
는 현실에서, 이런 교회가 있다는 사실에 놀라웠다.

'주님께서 이곳에 많은 영혼을 보내주시는 이유가 무엇
일까?'

교회에 들어선 순간, 깔끔한 내부시설과 친절하고 정중한
성도들의 모습에 따뜻함을 느낄 수가 있었다. 특히 노인들
을 위한 승강기와 장애인을 위한 화장실도 따로 설치되어

있었다. 누구나 교회에 올 수 있도록 배려를 한 것이다. 점심은 간단한 주먹밥과 된장국이 나왔으며 각자가 돈을 내고 사서 먹었다. 모두가 줄을 서서 자신의 차례를 기다리고 있었는데, 모두가 밝은 모습으로 서로의 안부를 묻고 교제를 나누고 있었다. 마치 가족 같은 느낌이 들었다.

그리고 가장 인상 깊은 모습은 예배라는 주제로 목사님과 성도들이 공개토론을 하고 있었다. 어느 나이 많은 성도가 구부러진 허리를 일으켜 세우고 떨리는 손으로 마이크를 잡고 다음과 같이 말을 하였다.

"저는 성경을 너무 사랑합니다. 성경을 읽고 연구할 때마다 참 대단하다고 느낍니다. 특히 예배에 대한 저의 생각은 다음과 같습니다. 하나님은 영이시므로 하나님께 예배를 드리는 사람은 영과 진리로 예배를 드려야 합니다. 그리고 하나님을 사랑한다면 매일의 삶이 예배가 되어야 한다고 생각합니다."

석 달에 한 번씩, 어떤 주제를 가지고 목회자와 성도들이 공개적으로 토론을 하는 것이었다. 목회자의 일방적인 가르침이 아니라 성도와의 의견교환을 통해 소통하고 있었다. 일본인 목사님은 신중하고 진지하게 답하고 있었고, 성도들도 목사님의 생각과 입장을 진지하게 경청하고 있었다.

일본선교의 사명

너희가 성경을 연구하는 것은, 영원한 생명이 그 안에 있다고 생각하기 때문이다. 성경은 나에 대하여 증언하고 있다.(새 번역 요한복음 5:39)

교회의 성도들은 성경을 사랑하며 연구하는 일에 힘쓰고 있었다.

목회자와 성도가 함께 주님이 기뻐하시는 건강한 교회로 세워나가는 모습이 참 인상적이었다. 이 모습을 바라보면서 주신 주님이 주신 마음이 있었다. 성경을 묵상하고 연구하는 일은 목회자만의 몫이 아니라 성도들과 함께하는 것이다.

성경을 사랑한다면 누구나 이런 갈급함이 있을 것이며, 늘 성경을 가까이하고 성경을 읽고 실천하기에 힘쓰려고 할 것이다. 성경을 사랑한 일본인 성도의 고백은 마치 예수님께서 나에게 물으신 것처럼 들려왔다.

"너는 성경을 사랑하느냐?"

🕯 일본교회에게 주신 사명

일주일간 후쿠오카, 사가, 나가사키, 쿠마모토, 미야쟈키, 오이타, 키타규슈, 야마구치의 일본교회를 방문하면서 교제를 나누었다. 그때마다 주님은 교회마다 주신 사명과 비전에 따라 선교하는 모습을 보여주셨다.

어떤 일본교회는 큰 건물에서 예배를 드리고 있었고, 가정에서 예배를 드리고 있는 교회도 있었다. 그리고 건축 중이거나 예배당을 수리하고 있는 곳도 있었다. 또한 개척교회를 준비하고 있거나 유치원과 기도원을 함께 운영하는 곳도 있었다. 주님의 일본선교 전략은 마치 무지개의 색깔처럼 다양함의 조화를 이루시는 것 같았다. 주님은 교회마다 주신 사명들을 보면서 말씀하고 계신 것이 있었다.

우리를 여러분과 함께 그리스도 안에 튼튼히 서게 하시고, 또 우리에게 사명을 맡기신 분은, 하나님이십니다.(새 번역 고린도후서 1:21)

하나님께서 우리에게 사명을 주신 것처럼, 교회마다 맡겨진 사명도 있다. 그러나 대부분의 일본교회는 작고 소수의 성도들이 신앙생활을 하고 있어서 변화를 일으킬 힘이 없어 보인다. 만약 어떠한 변화를 일으키려고 하거나 바꾸려고 할 때 심한 거부반응을 보이기도 한다. 단지 일본인 성도들은 한마음으로 교회에 주신 사명을 묵묵히 감당하길 바라고 있다.

일본선교의 사명

물론 교회에 많은 사람이 모인 곳은 힘이 있고, 역동적이어서 뭔가 변화를 일으킬 수 있을지는 모른다. 그러나 목회자의 목회철학과 방식을 가지고 교회의 분위기를 바꾸려고 하거나 인위적으로 변화시키려고 한다면, 결과적인 부분을 강조하게 되어서 신앙생활이 무미건조하게 될 것이다. 따라서 목회자와 성도들이 한마음으로 예수님을 바라보고 주님이 교회에 맡겨준 사명에 충실해야 할 것이다. 주님은 교회마다 주신 사명에 따라 일본선교를 하는 것이 중요하다는 가르쳐 주셨다.

언젠가 주님이 맡겨주실 일본교회를 상상해 보았다.
지역교회와 연합하며 서로 협력하는 교회, 예수님과 친밀한 관계를 사모하는 교회, 한국과 일본의 징검다리가 되는 교회를 세우고 싶은 마음을 주셨다. 무엇보다도 주님이 교회에 주신 사명을 잊지 말고 묵묵히 감당할 수 있도록 기도하였다.

02

일본 신학 ✒

🖋 기독교의 세계관

나는 신학교를 다니기 전까지 신학을 배우신 분들이 참 부러웠다.

교회에서 듣지도 못한 신학 용어와 교리들이 흥미로웠기 때문이었다. 그러나 신학을 배우면서 자신의 머리와 목소리가 커지는 것이 느껴졌다. 특히 민감한 신학 주제에 대해 찬성이냐 반대냐 하면서 결론이 없는 토론을 하다 보면 아무리 친한 사람이라도 싸우는 경우가 있었다. 그럴 때마다 신학을 공부하는 이유는 무엇인가라는 생각이 들였다.

기본적으로 신학 없는 신앙은 등뼈 없는 근육과 같고, 바른 교리 없는 실천은 매우 위험하다고 이해하고 있다. 따라서 바른 신학을 배우는 것이 대단히 중요하다. 물론 지금까지 배우고 익힌 신앙과 다른 교리를 접해서 신학의 숲에 들어가서 방황한 적도 있었지만, 지금 되돌아보면 참 유익한 시간이었다. 특히 다른 사람의 신앙과 신학에 대해 이해하고 받아들일 수 있는 마음가짐이 달라졌기 때문이다. 그래서 누군가가 신학을 할 기회가 주어진다면 공부를 하는 것을 권면하고 싶다.

현재 '도쿄 기독교대학(東京基督教大学)'에서 신학을 공부하고 있다.

이곳에서 가장 중요하게 가르치는 것이 기독교 세계관이다. 이것은 하나님이 인간 문화의 전 영역에 간섭하고 계시고, 선인이나 악인에게도 같은 해와 비를 내려주셔서 풍족한 삶을 영위할 수 있도록 은총을 베풀고 계신다는 사실이다. 이러한 관점으로 세상을 바라보는 것이다.

거기에는 그리스인과 유대인도, 할례 받은 자와 할례 받지 않은 자도, 야만인도 스구디아인도, 종도 자유인도 없습니다. 오직 그리스도만이 모든 것이며, 모든 것 안에 계십니다.(새 번역 골로새서 3:11)

그리고 주님은 모든 곳에 계시고, 각자에게 주신 사명을 주셨다.

그래서 교사는 학교에서, 의사는 병원에서, 직장인은 회사에서, 신학생은 신학교와 교회에서, 주님이 각자에게 맡겨 주신 일과 역할을 잘 감당해야 한다. 특히 주님은 인간의 죄악을 억누르면서 좋은 방향으로 이끌어 가고 있기에 극단적인 현실도피를 피하고, 여러 문화와 영역 속에서 자신의 실력과 재능을 마음껏 발휘하고 표현해야 할 것이다. 모든 곳은 하나님의 통치를 벗어날 수 없기에, 하나님의 나라가 확장하는 일에 힘써야 할 것이다.

이렇게 기독교 세계관으로 세상을 바라보니 하나님의 위대하심과 나에 대한 놀라운 계획과 사명을 기대하게 하셨다. 나에게 신학을 공부할 기회를 주신 주님께 감사드리며 모든 지식과 경험을 일본선교를 위해 섬길 수 있도록 기도한다.

ꕥ 죽음에 이르는 병

어제 채플 시간에 신대원 교수님이 「죽음에 이르는 병」으로 설교하였다.
예수님이 나병 환자의 병을 고치시는 모습을 통해, 우리의 신앙생활과 영적인 모습에 대해 되돌아보게 되었다.

온종일 죽음에 이르는 병이라는 말이 귓가에 맴돌았다.
이 표현은 덴마크의 철학자인 쇠렌 키르케고르의 「죽음에 이르는 병」 책에서 인용한 부분이었다. 사실 키르케고르에서 들어본 적은 있지만, 어떤 사람이고 무엇을 했는지 전혀 알지 못했다. 그러나 주님은 계속 죽음에 이르는 병이라는 말을 생각나게 하셨고, 과연 그가 어떠한 의미로 표현했는 지 관심을 갖게 하셨다.

인간은 자신이 행복하다고 착각할 수 있어도 결국은 모두 가 절망하고 불행해질 뿐이라고 말한다. 사람은 전부 '죽음 에 이르는 병'에 걸려 있기 때문이다. 그러나 이 죽음의 이 르는 병은 말기 암처럼 신체적인 병이 아니라, 인간의 정신 과 영혼에 감염되어 있다는 것이다. 그래서 인간은 결코 이 병을 이겨낼 수 없기 때문에, 결국에 절망하여 죽을 수밖에 없다. 자신이 얼마나 절망 속에 빠져 있는지 깨닫는다면, 절 망의 늪에서 빠져나올 수 있는 믿음의 밧줄을 찾으려고 할 것이다.

키르케고르는 믿음이야말로 절망에 대한 안전한 해독제이 며, 절망의 구렁텅이에 서 이끌어 낼 믿음이 바로 하나님께 있다고 이야기하였다. 기독교인이었던 그는, 자신의 경험과 철학적인 메시지는 나에게 매우 의미심장한 부분이었다.

나를 죽음에 이르는 병에서 구원해 주신 주님의 은혜와 사 랑을 묵상하였다.
교회와 목회자에 대한 상처와 하나님에 대한 회의감으로 공황장애, 우울증, 대인기피증을 겪으면서 인생의 밑바닥을 경험하였다. 절망할 수밖에 없는 처지와 상황 속에서 믿음의 밧줄을 붙들었던 지난날의 모습 속에서 주님의 인도하심과 도우심이 있었다는 사실이다. 죽을 수밖에 없는 사람을 구원해 주신 은혜가 얼마나 값진 것일까! 이 은혜와 감동을 천국에 가는 그날까지 마음에 새겨두고 싶다.

🖋 말씀에 대한 신뢰와 경외

오늘은 교회의 설교에 관한 실천신학 수업이 있었다.

설교자에게 설교란 어떠한 소명보다도 가장 높고 영광스러운 사역이다. 설교자가 어떤 의도와 목적을 가지고 성경의 말씀을 해석하고 구성하느냐에 따라 청중에게 미치는 영적인 영향력은 대단하기 때문이다. 따라서 설교 관련 배움과 조언은 나에게 대단히 중요하다.

'과연 어떤 설교방식, 설교방법, 설교수단, 설교기술을 배울 수 있을까?'

오래전부터 한 편의 설교로 과연 사람을 변화시킬 수 있겠냐고 생각한 적이 있었다. 아무리 논리정연하고 감동적인 설교를 들어도 세상의 염려와 걱정, 욕심은 해결되지 않았고, 온전한 믿음으로 살지 못하는 자신의 모습에 좌절했기 때문이었다. 그런 내가 설교자의 입장에서 설교하다 보니 답답하기만 하였다.

'과연 내 설교를 듣고 사람들이 변화되겠는가?'

매번 설교를 준비하면서 자신의 한계에 부딪히고 있었고, 설교할 때마다 두렵고 떨리는 마음이 들었다. 그럴수록 부단히 자신의 개성과 정점을 살려서 설교하려고 노력하였다. 교수님에게 설교에 관해 다음과 같은 질문을 하였다.

"지금까지 일본교회에서 설교할 기회가 적었지만, 늘 저만의 개성과 장점을 가지고 일본어 설교하려고 노력합니다. 그런데 저의 일본어 설교를 듣고, 어떤 일본인이 '역시 한국식 설교구나!' 라는 이야기를 들은 적이 있습니다. 사실 그 말을 듣고 마음이 굉장히 불편했습니다. 저는 엄밀하게 이야기하면 일본인 아버지와 한국인 어머니 사이에서 태어난 혼혈인입니다. 물론 한국에서 태어나 자랐기 때문에 한국문화와 개성이 강하지만, 한국인의 열정과 일본인의 논리의 양면성을 갖춘 설교를 하고 싶습니다. 어떻게 하면 좋을까요?"

그때, 교수님이 던진 한마디가 설교의 본질을 가르쳐 주셨다.

"한국식 설교나 일본식 설교의 양면성을 갖추면 훌륭한 설교자가 될 수 있겠죠. 그러나 진짜 설교자는 하나님 말씀에 대한 신뢰와 경외가 있어야 합니다. 이것이 설교의 가장 중요한 본질입니다."

🪶 조용히, 잠잠히

몇 년 전에 시즈마리(静まり)모임에 처음으로 참가하였다.

일본어 시즈마리는 잠잠히, 조용히라는 뜻이 있는데, 신학교의 학내 게시판에 붙은 시즈마리 모임의 광고지를 보고 참석하였다. 그 당시에 심신이 지친 상태이었기 때문에 시즈마리의 단어가 주는 평안함에 마음이 끌렸다.

시즈마리가 주는 영적인 유익함을 경험하면서 바쁜 일상 속에서 탈진했을 때 마음의 회복과 위로를 얻었다. 사실 예수님도 이른 새벽에 일어나서 한적한 곳으로 나가셔서 조용히, 잠잠히 기도하셨다. 그래서 그 많은 선교 활동을 감당할 힘을 얻었다.

아주 이른 새벽에, 예수께서 일어나서 외딴 곳으로 나가셔서, 거기에서 기도하고 계셨다.(새 번역 마가복음 1:35)

오늘 학내에 시즈마리 모임이 있어서 아내와 딸도 함께 참여하였다.

일본인 남녀 십여 명 남짓, 적막이 흐르는 조용한 분위기 속에서 다음과 같은 질문지가 있었다.

첫번째 질문 ▷	지난 몇 개월 동안 가장 의미 있다고 생각되어지는 일이 있었던가?
두번째 질문 ▷	그것이 나의 삶의 방법, 신앙, 배움에 있어서 어떠한 의미가 있었던가?
세번째 질문 ▷	그것을 통해서, 하나님이 나에게 어떤 것을 가르치고 계셨던 것인가?

이 세 가지 질문을 가지고 잠잠히 지난 시간을 되돌아보았다.

아무 소리도 들리지 않고 고요한 침묵이 흘렀지만 불편하거나 지루하지 않았다. 정해진 시간이 되면 각자가 생각난 일에 대해 두 명씩 짝을 지어 이야기를 나누었다. 얼마 전에 나는 교회로 가는 차 안에서, 아내랑 이야기하던 도중에 갑자기 오열하며 눈물이 멈추지 않았던 일이 생각났다.

'내가 왜 그렇게 울었던 것일까?'

그때 내가 느꼈던 감정과 의문이 있었다. 이런 상태로 어떻게 일본선교를 감당할 수 있겠는가. 앞으로 본격적으로 일본선교를 할 텐데, 과연 잘 견딜 수 있겠는가. 늘 이 부분을 염두에 두면서 신학 공부를 하고 있지만, 여러 걱정과 근심의 파도가 몰려왔다. 지금 나와 함께 계시는 주님보다 미래에 대한 불안과 걱정이 더 컸던 것이었다.

조용히, 잠잠히 그 상황과 감정을 되돌아보니 주님의 음성이 들려왔다.

단지 모든 일과 역할에서 주님을 의식하면서 선교를 하라는 것이다. 상황과 환경을 바라보지 말고, 그것보다 더 크신 주님을 바라보라는 것이다. 비록 바쁘고 분주한 삶을 살수록 조용히, 잠잠히 말씀하시는 주님의 음성에 귀를 기울이는 자세를 잊지 말라고 하셨다. 매 순간 주님을 바라보고 동행하는 것이 얼마나 중요한지 깨닫게 되었다. 또다시 주님의 부드러운 음성은 큰 힘과 용기를 얻는다.

🪶 평안 하는가?

오늘은 마지막 설교비평 수업이 있는 날이었다.
나에게 주어진 설교주제는 부활이었는데, 2주 전부터 설교 본문을 정하기 위해 고민하였다. 과연 예수님이 부활하신 후, 처음으로 하신 말씀이 무엇이었을까. 그때 떠오른 말씀이 있었다.

예수께서 그들을 만나 이르시되 평안하냐 하시거늘 여자들이 나아가 그 발을 붙잡고 경배하니(개역개정 마태복음 28:9)

마지막 설교비평 수업의 원고를 준비하면서. 평안하냐라는 예수님의 말씀이 계속 묵상 되었다. 사실 지난 3년 동안 설교비평 수업은 전혀 평안하지 않았다. 이 수업에 참여하면서 누군가의 설교를 평가하였고, 누군가에게 비평을 받아왔기 때문이었다. 물론 건강한 비평을 통해 옳고 그름을 밝혀내는 것은 필요하지만, 비평이라는 단어는 나에게 매우 불편하게 한다.

때로는 몇 주 동안 정성스럽게 준비한 설교도 날카로운 비평을 받으면 며칠 밤을 못 잔 적도 있었다. 누군가가 내 얼굴이나 신체 부위에 대해 이러쿵저러쿵 놀려대도 전혀 신경 쓰이지 않지만, 정성스럽게 준비한 설교에 대해 미주알고주알 이야기하면, 그 사람이 미워지거나 나 자신이 원망스러웠다.

매년 설교비평 수업은 그 형식과 레벨이 다르다.

성경의 말씀을 바르게 해석하고 전달할 수 있는 설교자로서의 철저한 준비와 훈련이 목적이다. 그 비평의 내용은 다음과 같다.

❶ 성경본문	① 본문 선택은 어떠한가. ② 본문 연구와 해석은 어떠한가. ③ 문맥 이해는 어떠한가.
❷ 내용(본론)	① 도입은 어떠한가. ② 설교 구성의 명료함은 어떠한가. ③ 신학적인 건전성은 어떠한가. ④ 깨달은 점이나 감동은 있는가. ⑤ 설득력이 있는가.
❸ 결론	① 본문과의 관계성은 어떠한가. ② 공감하고 있는가.
❹ 전달력	① 어조와 음량은 어떠한가. ② 말하는 속도는 어떠한가. ③ 여유와 여백을 두고 있는가. ④ 표정과 동작은 어떠한가. ⑤ 청중에 대한 배려는 있는가.
❺ 종합적인 평가도	① 장점과 강점은 무엇인가. ② 단점과 결점은 무엇인가. ③ 그 이외의 의견과 감상은 무엇인가.

설교가 끝난 뒤면 빈틈없는 비평지에 이런저런 글들이 많이 적혀있다.

그 글을 읽다 보면 자신의 설교를 객관화할 수 있다. 자신의 부족한 부분이 무엇이며, 장점은 무엇인지 알 수가 있다. 무엇보다도 자신의 실력 없음에 대한 간절한 기도가 된다.

어느덧 4년이 지난 오늘, 마지막 설교비평 수업의 설교를 마치면서 제법 마음 근육이 붙은 것이 느껴진다. 그동안 기존의 설교 틀에서 벗어나서 이것저것 새로운 것을 많이 시도해 보았다. 물론 날카로운 비평에서 벗어날 수 없었지만 오늘만큼은 그런 비평들이 예전과는 사뭇 다르게 느껴졌다. 그동안 주님께서 나를 훈련하시고 단련시키고 계셨던 것이었다. 마지막 설교를 마친 뒤에, 주님께서 물으셨다.

'이제는 평안 하냐?'

그리고 나는 대답하였다.

"주님, 정말 평안하네요."

03

일본 그리스도인 ⎯⎯⎯⎯⎯⎯⎯⎯⎯⎯⎯ ✎

❦ 일본 그리스도인의 목회계승

오늘은 후쿠오카의 있는 일본교회들을 방문하였다.

형제단, 카리스 채플, JEC교단 등 교파를 초월한 목회자와 교제도 나눌 수 있었다. 6년째 젊은 청년들과 함께 일본선교를 하다 보니 각 지역교회에서도 좋은 소식들이 많이 들려오고 있다. 특히 목회자와 성도들에게 큰 위로와 격려가 되고 있었다.

"매년 일본선교에 동참해 주셔서 감사합니다. 이렇게 젊은 청년들이 와주어서 저희가 큰 위로와 격려를 받고 있습니다."

일본선교를 떠날 때는 자신이 섬기러 간다고 생각할 수 있지만, 오히려 일본인 목회자와 성도들에게 섬김을 받고 오는 곳이 일본선교이다. 일본선교 470여 년간의 핍박과 박해 속에서도 신앙과 목회의 계승이 이루어지는 모습을 본다면 배워야 할 점들이 너무 많다.

따라서 우리가 일본선교 하러 간다는 것이 아니라, 일본선교에 함께 동역한다는 의식이 필요하지 않을까. 무명의 일본 그리스도인의 신앙생활을 배우는 자세야말로 하나님 동역자의 모습이라는 생각을 해 본다.

후쿠오카의 '노조미가오카 교회'에서 목회하다가 은퇴하신 여든 살이 넘으신 일본인 목사님의 간증은 목회적 교훈을 주었다. 그는 북한에서 태어나서 일본으로 건너온 뒤에 37년간 교편을 잡으셨다. 그러나 친동생이 예수를 믿는다는 이유로 심한 박해와 핍박을 하였지만, 결국 자신도 예수님을 믿고 복음 전도자로 살게 되었다.

내가 전에는 훼방자요 박해자요 폭행자였습니다. 그러나 그러한 행동은 내가 믿지 않을 때에 알지 못하고 한 것이므로, 하나님께서 나에게 자비를 베풀어 주셨습니다.(새 번역 디모데전서 1:13)

이제는 한국인 선교사님에게 목회를 계승하신 뒤에 스스로 양로원에 들어가셔서 남은 인생을 노인 사역으로 재헌신하신 무명의 일본인 목회자의 삶에, 깊은 도전과 감동이 되었다. 순간 주님이 자신에게 맡기신 사명을 나이와 환경으로 제한해서는 안 된다는 것을 깨달았다. 이전에는 십자가의 박해자로, 지금은 십자가의 증거자로 바뀐 그분의 삶에

는 열정과 겸손이 묻어져 나왔으며 두 손으로 악수를 할 때
힘이 있었다.

'마지막 남은 인생을 복음을 전하면서 주님과 함께 동행하
리라!'

복음의 순수함과 열정을 가진 무명의 그리스도인에게 주
신 은혜가 지금 나에게도 흘러 전해지고 있었다. 일본 그리
스도인의 목회계승은 한일을 장벽을 뛰어넘은 예수님의 사
랑과 믿음의 실천이라는 생각이 들었다. 그런 모습을 보고
배울 기회를 주신 주님께 감사드렸다.

🪶 어떤 것도 얽매이지 않는 자유

얼마 전에 나가노의 카루이자와(輕井沢)라는 곳에서 하룻밤
을 보냈다.
이곳은 일본의 중부지방으로 히다산맥과 기소산맥, 아카
이시산맥으로 이루어져 있다. 그래서 메이지 시대의 영국인
들은 알프스산맥이라고 불렀다.

카루이자와는 저녁 6시가 되면 거의 모든 가게가 문을 닫
는데 청소년들의 건전한 육성과 교육을 위해서 정하였다고

한다. 실제로 저녁이 되니깐 거리의 사람들이 보이지 않았고, 오히려 하늘에는 수많은 별이 뚜렷이 보였다.

아내가 경비를 아끼려고 통나무집을 예약하였다.

추운 냉기가 문틈 사이로 들어왔지만 따뜻한 보일러와 나무 냄새가 피곤한 몸과 마음을 달래주었다. 숙소 근처에 돌로 지어진 교회가 있는데 그곳에는 '우치무라 간조(內村鑑三)'의 기념관이 있었다. 이 교회는 우치무라 간조의 목회 철학을 담아 지어진 것이었다. 비록 늦은 시간이었지만 서둘러 돌의 교회로 걸어갔다.

돌의 교회는 오개닉(organic)의 건축기법으로 지어졌다.

마치 자연의 일부가 된 것처럼 거기에 있었던 자연을 배제하지 않고, 물의 흐름도 산의 경사도, 나무의 위치도 그대로 둔 채 지어진 교회였다. 마치 천 년전 이 숲속과 같은 모습으로 숨을 쉬고 있는 듯하였다.

참된 자유를 외친 우치무라 간조는 어떤 것에도 얽매이지 않는 자유를 갈망하였다. 그가 생각하는 참된 자유란 무엇일까, 그의 인생을 되돌아보면서 곰곰이 묵상해보았다.

그는 일본 천황에 대한 불경사건으로 국가와 국민의 반역자 취급을 받았고, 여러 살해 위협과 테러를 받으면서 결국 아내와 자식 그리고 직장까지 잃었다. 그러나 간조는 「나는 왜 기독교인이 되었는가」 책을 쓰면서 일본 제국주의와 신사참배에 대해 저항하였고 기독교의 진리를 변증하였다. 시대적 상황과 환경에 얽매이지 않고 복음을 증거 하였고 많은 사람들에게 영향을 끼쳤다.

나도 기독교와 교회를 부정적으로 바라보는 일본사회와 문화를 향해 성경과 복음을 자신 있게 외칠 수 있을까. 그리스도인의 한사람으로 일본선교를 감당할 수 있을지 되돌아보았다. 아무리 복음을 전하고 씨앗을 뿌려도 변화가 없고 열매가 없어서 답답할 때가 있다.

그러나 우치무라 간조의 외침에는 일본선교라는 사명이 있었고, 이것을 위해 기도하는 사람이 있다면 희망이 있다는 것이다. 그는 일본이 참된 복음으로 자유롭게 되는 세상을 기대하며 기도했을 것이다. 여전히 일본을 위해 기도하고 선교하는 사람들이 있는 한, 그의 참된 자유에 대한 갈망은 식지 않을 것이다. 오늘도 일본선교의 희망을 품고 일본을 위해 기도해본다.

🪶 귀가 들리지 않아도

어제는 주일예배 후에 어느 일본인을 소개를 받았다.

그분은 귀가 들리지 않아서 말을 하지 못하는 일본인이었다. 나는 수화를 하지 못하기 때문에 펜과 종이로 소통을 하였다.

'성함과 고향은 어디세요?'
'어떻게 교회로 오시게 되었나요?'
'혹시 감사의 기도 제목이 있나요?'

이분은 2살 때 고열로 청각장애인이 되었다.

부모님은 지푸라기 심정으로 창가학회에 가 봤지만, 오히려 병은 더 악화 되어 결국 귀가 들리지 않았다. 장애를 가진 후부터 창가학회에서 계속되는 집단학대로, 창가학회의 신앙과 교의에 대한 회의감에 빠져 11년간을 방탕한 생활을 하였다. 그때 불량배들과 함께 어울리면서 술, 담배, 경마, 도박으로 시간을 보냈다는 것이다. 그런데 어느 날, 지역 복지센터의 수화 교실에서 크리스천 부부를 만나게 되었고, 그분들의 섬김과 사랑으로 교회로 연결되어서 세례를 받아 지금까지 18년간 신앙생활을 하고 있었다.

지금까지 자신의 인생을 되돌아보면 두 가지 확신을 하고 있다는 것이다.

먼저 자신이 얼마나 많은 죄를 지은 죄인이라는 것과 예수님이 모든 죄를 용서해 주셨다는 사실이었다. 그리고 그분은 노트에 다음과 같이 적어주었다.

"주님의 한량없는 은혜와 사랑이 나 같은 죄인을 살리셨습니다!"

순간 귀가 들리지 않는 일본인 성도의 신앙고백을 들으면서, 주님의 음성을 제대로 듣지도 못한 사람이 바로 자신이 아닌가는 생각이 들었다. 여태껏 자기 생각과 판단으로 행동하고 주님의 음성을 소홀히 했던 적이 얼마나 많았던가. 특히 내 안에 계신 예수님을 온전히 바라보지 못하고, 욕심과 정욕, 이기심, 나태함, 시기, 질투로 살아왔던 모습이 스쳐 지나갔다. 일본인 성도의 신앙고백이 나의 영적인 눈과 귀가 온전히 열려서 한량없는 주님의 은혜와 사랑을 감사하며 살아가길 간절히 기도하게 되었다.

❦ 사명이 있는 한, 살아가는 거예요!

오늘은 신대원 기숙사로 돌아가는 길에 학생들과 교제를

나누었다.

50대 중반인 일본인 동기생은 지병이 있어서 항상 안색이 좋지 않았다. 특히 학업에 대한 압박감과 목회에 대한 불안 감으로, 자신은 언제 죽어도 이상하지 않다고 하였다. 그러 나 18살의 일본인 신입생이 상냥하게 한마디를 건넨다.

"아니에요! 주님의 사명이 있는 한, 살아가는 거예요!"

이 한마디가 일본인 동기생의 모든 불안과 걱정의 한숨을 날려 버렸다.

누군가 사람에게 가장 행복한 순간은 자신의 사명을 깨닫 는 순간이라고 하지 않았던가. 사명을 가진 사람은 수많은 실패와 좌절 속에서도 일어날 힘이 있다는 것을 깨달았다.

문득 얼마 전에 일본인 교수의 은퇴설교가 떠올랐다.

설교제목은 「이루어야 할 사명, 구해야 할 겸손」이었는데, 가장 기억에 남는 메시지가 있었다.

"기본적으로 교수의 임무는 4가지 있다고 저는 생각합니 다. 그것은 학생교육, 학업연구, 학교발전, 사회참여입니다. 그러나 저는 이러한 임무를 잘 수행하지 못했습니다. 많은 실패를 하였고, 연속된 실패 속에서 많은 좌절도 하였습니 다. 그렇지만 주님이 저에게 맡겨진 임무라고 믿고, 그것을

잊지 않았습니다. 그래서 은퇴 후에도 이 사명을 위해 살아
가려고 합니다."

훌륭한 업적과 성과가 있는 일본인 교수였지만, 자신의 임
무와 역할을 잘 수행하지 못했다고 고백하였다. 그러나 자
신에게 맡겨진 사명을 끝까지 완수하려고 하였다. 이 사명
은 지치지 않는 힘과 끊임없이 도전할 수 있도록 용기를 주고
있었다.

하나님은 그리스도인을 부르셨고, 저마다의 거룩한 사명
을 주셨다.
교수는 학교에서, 의사는 병원에서, 목회자는 교회에서,
경영자는 회사에서, 직장인은 직장에서, 주부는 집안에서,
학생은 학교에서. 저마다 주님의 나라와 의를 위해 이루어
야 할 사명이 있다는 것이다.

그러나 고달픈 삶의 무게로 인해 좌절하기도 하고, 자신의
삶이 초라하게 보여서 낙심할 때가 있다. 그리고 생각처럼
일이 풀리지 않고, 반복되는 실수와 실패 속에서 좌절하면
일어설 힘과 용기가 사라진다. 그러나 이 사명은 눈물의 양
식을 먹고, 실패의 잔을 마시면서 자라난다. 그래서 사명자
는 좌절과 낙심을 순간에도 자신의 사명을 잊지 않고 포기
하지 않는다. 비록 힘들고 어려운 상황과 환경이지만 그 사

명을 주신 주님을 바라본다.

단지 자신이 해야 할 것은 매 순간 주님의 음성을 듣고 순
종의 돌을 하나씩 쌓아가는 것이다. 반드시 주님의 때와 방
법을 통해서 사명을 이루실 것이다. 지금까지의 자신의 삶
을 되돌아보면 수많은 실수와 실패 속에 살아왔던 인생이었
지만, 주님은 일본선교라는 사명을 주셨다면, 이것을 끝까
지 감당할 힘과 용기를 주실 것이라는 확신이 들었다.

🖋 자신의 몸과 마음을 잘 관리하세요.

최근에 프로야구 선수인 '스즈키 이치로(鈴木一朗)'가 도루
500개를 달성하였다. 동시에 메이저 리그에서 통산 안타
3,000개도 곧 달성할 것이라고 한다. 특히 이치로 선수의
나이는 만 43세이지만, 현역으로 뛰고 있는 사실이 더 놀라
웠다. 이런 비결에 대한 기자들의 질문에 그는 다음과 같이
간결하게 대답하였다.

"저는 아침마다 자신의 몸 상태를 100가지 체크합니다!"

어제는 목회와 영성에 관련된 신학 세미나를 들었다.
약 60여 년간 목회하신 '오오타와 코우이치(太田和功一)' 목

사님의 강의였다. 그분의 온화한 표정과 부드러운 목소리에는 진실함이 전해졌다. 그중에 가장 인상 깊은 말이 있었다.

"여러분들은 앞으로 현장에서 목회할 것입니다. 그러므로 목회의 프로가 되어야 하는데 자신의 몸, 마음의 상태를 얼마큼 체크를 하고 있나요? 만약 이러한 자기 관리와 점검을 하지 않고 목회 현장에 나간다면 반드시 탈진할 것입니다. 30년 전에는 이런 것들을 가르쳐 주는 사람이 없었습니다. 그냥 성경을 읽고 외우고 가르치고 전하는 것만 하였습니다.

때로는 공황장애와 우울증에 빠지기도 하고, 도망치고 싶었던 적도 많았지만, 이러한 모든 것도 주님의 나라와 영광을 위한 헌신이라고 믿었습니다. 그러나 주님이 여러분에게 맡겨주신 몸과 마음을 잘 관리하세요. 이것이 여러분에게 전해드리고 싶은 저의 최선의 조언입니다"

오오타와 목사님의 떨리는 목소리 속에 간절함과 진실함, 그리고 지난 세월의 후회감과 안타까움이 전해져 왔다. 사실 나도 자신의 몸을 잘 돌보지 않는 경향이 있다. 그러나 지금까지 열대여섯 번의 번 아웃을 겪으면서 그 고통과 아픔이 얼마나 심했는지 누구보다도 잘 알고 있다.

그 후에 다 함께 밖으로 나가서 30분간 주위 환경을 자세히 '보라'고 하였다. 자연을 통해 주님의 섭리와 숨겨놓으신 영적비밀을 발견하라는 것이었다. 평소와는 다르게 30분이라는 시간이 길게만 느껴졌다. 이곳저곳을 쳐다보다가 눈에 들어온 나무가 있었다. 순간 어떤 일본인 크리스천 작가가 쓴 「나무」에 대한 시가 떠올랐다.

"나무는 스스로 움직일 수 없다. 하나님이 정해주신 그 자리에서 열심히 가지를 뻗어내고 허락된 높이까지 최선을 다해 자라고 있다. 그런 나무를, 나는 친구라고 생각하고 있다."

나무를 보더라도 주님이 정해주신 한계선까지 최선을 다해 뻗어가고 있지만, 주님이 허락된 높이까지였다. 사실 우리가 주님이 정해주신 한계선을 아등바등 넘어가려다 번 아웃을 겪는 것은 아닌가. 주님은 자신이 허락하신 곳까지 최선을 다해 살아가는 자세를 가지되 자신의 열정과 신념이 주님의 비전보다 지나치면 안 된다고 하신다. 이를 위해 매일 자신의 몸과 마음의 상태를 점검하는 시간을 가지고, 주위를 바라보는 여유를 가지라는 것이다.

그럼 매일 나의 몸, 마음을 점검하는 기준은 무엇인가.
그것은 매일 주님을 바라보면서 꾸준히 선교일기로 적는

것이라는 생각이 들었다. 언젠가는 주님의 때와 방법으로
일본 선교일기가 사용되어지길 기도해본다.

04

일본 단기선교

일본인에게 감사가 되었다.

오늘은 규슈의 오이타(大分)에 있는 선교팀과 함께 전도하였다.

문득 6년 전, 무더운 여름 날씨에 삐질삐질 땀을 흘려가면서 수백 장의 전도지를 나눠주었던 순간이 떠올랐다. 그때 일본인들에게 그리스도 예수의 사랑을 전했던 감동이 아직도 남아 있었다. 이제는 한국인 청년들이 이곳에서 주님의 사랑과 복음을 전하고 있는 모습에 뿌듯하였다.

당시 오이타 샬롬교회는 맨션을 빌려서 예배를 드렸지만, 지금은 3층 건물이 교회가 되었다. 목회자는 한 곳에서 그루터기처럼 꿋꿋이 버티면서 일본인 영혼들을 전도하였고 교회가 조금씩 성장했다. 비록 그 이면에는 어떠한 어려움이 있었는지는 자세히 알지는 못하지만, 얼마나 외롭고 고독했을까는 마음이 들었다. 여전히 일본은 복음에 척박한 땅이지만 누군가 꾸준히 복음의 씨앗을 뿌려야 한다는 사실과 일본 선교는 오랜 시간과 인내가 필요하다는 것을 깨달았다.

오후에는 한국인 청년과 함께 전도지를 나눠주면서 두 명의 일본인 고등학생에게 복음을 전하였다.

"나는 너를 처음 봤지만, 주님이 나를 사랑한 것처럼 너를 사랑해. 오늘 너에게 전해준 예수님의 사랑이 언젠가 열매를 맺기를 기도할게!"

일본인 고등학생은 어색한 표정을 지으면서도 우리들의 말을 끝까지 들어주었고 함께 손을 잡고 기도까지 해주었다. 그리고 짧은 일본어를 청년에게도 알려줘서 전도하게 하였다. 서툴고 어색한 일본어이지만 복음을 전한 청년은 벅찬 감동에 눈빛과 말투가 달라졌다.

"저의 서툰 일본어를 진지하게 듣는 일본인에게 감사가 되네요!"

주님은 일본선교의 바통을 이어받은 후배들을 통해 복음을 전하게 하셨다. 복음을 전하는 자에게 주시는 기쁨을 경험하는 순간이었다. 주님은 우리가 흘린 땀과 눈물을 잊지 않으실 거라는 마음을 주셨다. 언젠가는 일본이 진리의 복음을 통해 참된 자유를 누릴 수 있도록 기도하였다.

그런데 사람들은 자기들이 믿은 적이 없는 분을 어떻게 부

를 수 있겠습니까? 또 들은 적이 없는 분을 어떻게 믿을 수 있겠습니까? 선포하는 사람이 없으면, 어떻게 들을 수 있겠습니까? 보내심을 받지 않았는데, 어떻게 선포할 수 있겠습니까? 성경에 기록한바 "기쁜 소식을 전하는 이들의 발걸음이 얼마나 아름다우냐!" 한 것과 같습니다.(새 번역 로마서 10:14-15)

🪶 15년 정도는 명함도 못 내밀다

나가사키의 마츠우라(松浦) 라는 지역이 있다. 나가사키의 최북단에 위치한 이곳은 지난 500여 년간 교회가 없었지만, 20여 년 전에 어느 한국인 선교사님이 교회를 개척해서 선교활동을 하고 있었다. 사실 대부분의 선교사들은 도시에서 선교하기를 원한다. 많은 사람들이 도시로 모이면서 시골은 점점 고령화가 되기 때문이다. 선교 전략적인 측면에서도 도시 선교를 하는 쪽이 효율적이다.

그러나 마츠우라 교회를 개척한 선교사님은 의도적으로 복음이 소외된 지역을 선택하였다. 현재는 2~3명의 일본인 성도들과 함께 목회하는데, 그분의 얼굴과 표정에는 많이 지쳐 있었다. 문득 '굳이 이렇게까지 버티고 계셔야 할까?' 라는 생각이 들었다.

나는 다음과 같은 질문을 하였다.

"선교사님! 건강은 어떠세요? 선교 활동에 진척은 있나요?"

그분은 다음과 같이 말하였다.

"그럭저럭 견딜 만해요. 매년 한국교회 청년들이 와줘서
격려 받고 있습니다. 실은 근처 이마리(伊万里)라는 곳에서
영어 수업을 하면서 아이들에게 복음을 전하고 있습니다.
올해로 18년째입니다."

"18년째나 되시나요?"

"네, 그런데 18년간 영어 수업을 하면서 복음을 전하지만
명함도 못 내밀어요. 일본에서는 20년을 해도 스시를 잡는
다고 말할 수 없죠. 40년은 돼야 스시를 잡는다고 인정해주
는 곳이 일본입니다."

15년간 일본에서 생활하는 나에게 잔잔한 충격을 주었다.
여전히 일본을 공부하면서 알아가고 있지만, "이것이 일
본이다!"라고 말하기가 매우 조심스럽고 어려움을 느끼고
있기 때문이었다. 특히 성질이 급하고 참을성이 없는 나에
게는 가장 어렵고 힘든 부분이다. 지금까지 기다리지 못해

서 일을 그르친 적이 얼마나 많았던가! 분명히 일본선교는 시간이 걸리기 때문에 인내가 필요하다는 것이다.

예전에 일본인 목회자의 말이 떠올랐다.

"참을 인(忍)이 세 번이면 살인도 면한다는 속담도 있듯이, 일본에서 복음의 씨앗을 뿌리고 싹을 틔우기까지 많은 인내가 필요합니다. 물론 여러 시련으로 속이 상하고 화가 나지만 훈련의 과정이라고 받아들여야 합니다."

주님은 선교란 능동적이고 역동적이지만, 동시에 인내와 기다림도 한 축을 이룬다는 것을 잊어버려서는 안 된다고 말씀하셨다. 하나님의 때와 방법으로 일본선교를 이루신다는 것을 기억하며, 온전한 인내로 맡겨진 역할을 감당할 수 있도록 기도하였다.

여러분이 하나님의 뜻을 행하고 나서, 그 약속해 주신 것을 받으려면, 인내가 필요합니다.(새 번역 히브리서 10:36)

🖋 선교는 삶을 보여주는 것이다.

후쿠오카의 최남단의 위치한 오무타 침례교회에 방문하

였다.

오무타 침례교회는 70년째 유치원을 함께 운영하고 있는 데, 지역 주민들에게 좋은 평판과 이미지를 가지고 있어서 많은 학부모가 유치원에 보내려고 하였다. 일본인 목사님도 고령화가 되어가고 있는 교회에서 유치원 사역과 젊은이의 전도와 양육을 대단히 중요하게 생각하고 있었다. 그러나 정기적으로 전도지를 돌리고 이벤트를 하고 있지만 좀처럼 사람들이 교회로 오지 않는다고 하였다.

특히 유치원에서 매일 아침 예배를 드리고 아이들에게 성경 말씀을 암기시키는 교육을 하고 있지만, 대부분의 교사가 넌 크리스천이었다. 교사들이 성경적인 가치관을 가지고 아이들을 가르치는 것이 아니라, 단순히 월급을 받으면서 직장생활을 하는 것 같아서 안타까워하였다.

그러나 얼마 전에 유치원의 선생님들 사이에서 한국의 젊은 청년들이 와서 유치원 유리창을 깨끗이 닦고 청소하는 모습을 보면서 다음과 같은 소문이 돌았다는 것이다.

"왜 저렇게 많은 한국인 청년들이 와서 이렇게 열심히 청소하는 것일까?"

일본인 목사님은 단기선교의 의미도 모르고 복음도 모르

는 사람들이지만, 젊은 청년들이 보여준 삶의 모습을 통해 교회에 대해서, 성경에 대해서 관심을 가지게 될 가능성에 매우 기뻐하였다.

주님은 복음과 삶은 동떨어진 것이 아니라, 구체적으로 말씀에 녹아있는 것이 생활로 드러나는 것이라고 말씀하셨다. 복음을 전하는 것도 중요하지만, 이렇게 삶으로 보여주는 것도 대단히 중요하다는 생각이 들었다. 분명히 예수님을 믿는 사람의 삶에는 거룩함과 진실함이 전해지기 때문이다. 비록 이성적이고 합리적인 일본인에게는 복음은 현실과는 동떨어진 종교로 비칠 수도 있지만, 삶의 진실하고 거룩한 모습을 보인다면 그것을 통해서 복음은 전해질 것이다.

여러분은 어떠한 사람이 되어야 하겠습니까? 여러분은 거룩한 행실과 경건한 삶 속에서 하나님의 날이 오기를 기다리고, 그날을 앞당기도록 하여야 하지 않겠습니까?(새 번역 베드로후서 3:11-12)

🖋 33년간의 고독한 진리

니가타의 우라사(浦佐)에 있는 일본교회의 목회자와 교제를 나눌 기회가 있었다. 그분은 33년 전 캐나다 선교사가 세운 교회를 이어받아서 목회하고 있었다. 그러나 교회 건물은 이미 낡고 시설도 녹슬어서 이곳저곳에 금이 가 있었다.

"이렇게 찾아와 주셔서 정말 고맙습니다."

사모님은 여러 다과를 꺼내오면서 따뜻하게 맞아주었지만, 그 말 한마디가 마음에 걸렸다. 마치 누군가가 찾아와서 교제를 나누는 것이 오랜만이라는 느낌이 들었기 때문이었다. 일본인 목사님은 정중하고 친절하게 맞아주시면서 지금까지의 목회에 관해 이야기를 전해주셨다.

이 교회는 근방에 국제대학교가 있다.
그래서 이 교회의 목회도 자연스럽게 캠퍼스 사역으로 이어지고 있었다. 이곳에는 우수한 외국인 학생들이 2년 동안 석박사 과정을 무료로 공부한다고 한다. 그중에는 신실한 그리스도인도 있어서 교회를 잘 섬기지만 2년 후에는 대부분의 학생들이 자국으로 돌아가야만 한다. 그리고 매년 새로운 영혼이 오고 그들에게 동일하게 섬기고 베풀지만, 또 다시 떠나간다. 이렇게 33년간 목회를 해왔다는 것이다.

'33년간 퍼주고 나눠주고 베풀었지만, 무엇이 남았는가?'

사모님의 말 한마디가 마음에 걸렸던 이유를 알았다. 사모님은 이미 지칠 대로 지쳐 있었고, 일본인 목사님도 여러 지병으로 항암치료를 받아서 기력이 없었다. 가장 안타까운 사실은 그분들의 자녀들이 아무도 예수님을 믿지 않는다는 것이다. 문득 얼마나 부모의 목회가 힘들고 싫었으면 자녀들까지도 예수님을 믿지 않는가는 생각이 들었다. 33년간의 열매를 본다면 너무 안타까웠고, 일본선교의 현실을 보게 되어서 마음이 아팠다.

'이런 현실 속에서 과연 누가 일본선교를 감당하고 하고 싶을까?'

솔직한 심정으로 자신이 없어졌다.

그러나 주님은 33년간 묵묵히 인내하면서 목회하고 계시는 일본인 목회자가 이곳에도 있다는 사실을 바라보게 하셨다. 비록 고독한 진리처럼 보일지는 몰라도 주님은 일본선교를 포기하지 않으신다는 마음이 전해졌다.

또 우리는 하나님 우리 아버지 앞에서 여러분의 믿음의 행위와 사랑의 수고와 우리 주 예수 그리스도께 둔 소망을 굳게 지키는 인내를 언제나 기억하고 있습니다.(새 번역 데살로니가전서 1:3)

🪶 기다리고 있었다.

오늘은 효고현의 히메지(姬路)에 있는 교회를 방문하였다.

이곳은 가정집에서 개척을 한 곳인데 당시 집 지붕 위에 십자가를 달았다.

지역 주민들이 교회가 들어서는 것에 대해 그다지 긍정적으로 생각하지 않았던 터라 많은 걱정을 하였지만, 전압의 차이로 인해 빨간색 십자가가 분홍색 빛이 발하였다는 것이다. 그것을 본 지역 주민들에게 즐거움과 재미를 주었다는 간증도 있었다.

항상 '할렐루야!'라고 반갑게 맞아주셨던 담임목사님도, 지금은 허리를 삐끗해서 건강이 좋지 않았다. 순간 일본에서 개척교회를 하기가 쉽지 않다는 생각이 들었다. 특히 한국인으로서 일본선교를 한다는 것은 결코 만만한 것이 아니다. 일본문화와 생활을 체득해서 꾸준히 섬겨야 하기 때문이다. 그러나 이런 섬김과 인내의 열매는 좀처럼 맺어지지 않아 심신이 지쳐서 포기하고 싶을 때가 많다. 그래서 일본선교를 하고 계시는 목회자들에게는 위로와 격려가 필요하다.

매번 방문할 때마다 작은 위로와 격려를 하고 싶지만, 오히려 정성스럽게 준비한 선물로 섬겨주신다. 매번 따뜻한 섬김을 받아서 늘 미안한 마음이 든다. 아침부터 저녁까지 회사 일을 마치고 돌아오신 사모님은 늦은 시간까지 우리를 기다리고 있었다. 사모님은 다리 무릎과 손등 수술을 하셔서 몸이 좋지 않지만, 한결같이 웃는 얼굴로 따뜻하게 맞아주신다.

사모님은 생크림 빵과 모치를 한가득 준비해주었다.
그리고 혹시 가는 길에 녹지 않을까 봐 냉동 얼음까지 챙겨주셨다. 작고 사소한 것이지만 정성스럽게 준비해주신 모습과 늦은 시간까지 기다렸다는 것에 잔잔한 감동이 있었다. 마치 온전히 섬기려고 오신 예수님을 보는 듯하였다.

인자는 섬김을 받으러 온 것이 아니라 섬기러 왔으며 많은 사람을 위하여 자기 목숨을 몸값으로 치러 주려고 왔다.(새번역 마가복음 10:45)

피곤한 몸으로 숙소에 도착했을 때, 사모님에게 짧은 메시지가 왔다.

"오사카는 잘 도착하셨죠? 많이 아프셨다고 들었는데 괜찮으신가요? 미리 알았으면 약이라도 챙겨드렸을 텐데 죄송해요. 너무 수고 많으세요. 어제 챙겨드린 게 변변찮아서 죄송합니다."

그 메시지를 받고 난 뒤에 선물의 내용보다 그 속에 담긴 의미와 마음을 생각해 보았다. 늦은 시간까지 우리를 기다리고 있으면서, 작은 선물까지 챙겨주신 사모님의 모습에 감사가 되었다. 어쩌면 일본선교도 작고 사소한 배려와 섬김에서 이루어지고 있다는 사실을 깨달았다. 비록 그 기다림의 끝이 보이지는 않아도 선교의 열매를 맺게 해주시는 예수님을 바라본다면 힘과 용기를 얻을 것이다.

나는 심고, 아볼로는 물을 주었습니다. 그러나 하나님께서 자라게 하셨습니다.(새 번역 고린도전서 3:8)

제4부

일본 유학생활

🖋 고토다마(言靈)와 이치닌마에(一人前)

한국과 일본은 가장 가깝지만 먼 나라이기도 하다.

한국인과 일본인의 생김새도 비슷하고 말의 어순도 같지만, 문화와 가치관이 다르기 때문이다. 보통 한국인은 버스에 비어있는 자리를 앉으려고 하지만, 일본인은 중간지역 경계선이 존재해서 비워두려고 한다. 한국인은 상대방이 필요로 하는 것을 선물하지만, 일본인은 꼼꼼하게 포장이 된 선물과 손편지를 써서 보낸다. 한국인은 화장실을 용무만 보고 나오는 장소로 생각하지만 일본인은 화장실도 개인의 공간으로 생각한다.

그리고 한국은 혼자 밥 먹거나 커피를 마시는 사람을 애처로운 눈으로 바라보지만, 일본은 개인적으로 휴식을 취하는 시간으로 본다. 한국은 친구랑 같이 영화관에서 영화를 보거나 함께 게임을 즐기지만 일본은 영화 DVD를 사서 집에서 보거나, 혼자 게임을 즐긴다. 이러한 이유는 한국인들은 자신의 개성을. 일본인들은 자신만의 영역을 중요하게 생각하기 때문이다.

또한 한국인은 구체적이고 분명하게 말을 해줘야 상대가 무엇을 원하는지 알 수 있고 자신의 약점을 알고 노력해서 극복할 수 있다고 본다. 그러나 일본인은 애매모호하게 이야기한다. 상대방의 관계를 대단히 중요하게 생각하기 때문에 상대방의 실수와 잘못을 해도 구체적으로 지적하지 않고 상대방의 기분을 고려하면서 이야기를 한다.

일본에는 '고토다마(言靈)' 라는 표현이 있는데, 말에는 영적인 의미가 깃들어 있어서 현실을 바꾸는 힘이 있다고 생각한다. 그래서 분명한 근거와 증거가 없다면 쉽게 결정 내리지 않는다. 그래서 간접적이거나 애매모호한 표현으로 신중하게 말과 행동을 하는 것이다. 이것이 일본인의 정서이고 문화라고 할 수 있다. 그리고 일본에서의 조화란 자신에게 맡겨진 역할을 성실하게 책임지는 자세를 뜻한다. 이런 책임의식을 '이치닌마에(一人前)' 라고 하는데, 유치원 때부터 타인에게 폐를 끼치지 않으면서 자립할 수 있는 교육을 체계적으로 받으면서 의식화시킨다.

그 이외에도 한국과 일본문화의 차이는 많이 있지만, 일본이 지리적, 언어적으로 가깝기 때문에 한국과 비슷한 나라라고 생각하는 사람들이 많다. 그러나 한국과 일본의 문화는 많이 다르다. 이것은 틀린 것이 아니라 다를 뿐이다. 그래서 자신의 관점으로 일본을 이해하는 것이 아니라, 일본의 시각에서 왜 그렇게 하는지 이해하려고 한다면 일본인을 더 쉽게 받아들여서 일본선교에 많은 도움이 될 것이다.

❦ 혼네(本音)와 다테마에(建前)

일본의 교토에서는 "오차라도 한잔하고 가라." 는 말을 인사치레로 이해하지만, 그 말을 듣고 찾아간 외국인이 문전박대를 당한 적이 있었다. 특히 일본인에게 노방전도를 하거나 교회를 권면했을 때에도 바로 거절하지 않고, 대부분이 "갈 수 있으면 가겠다."라고 긍정적으로 이야기한다.

나도 오랫동안 일본 생활을 하다 보니 불필요한 충돌을 피하고자 속마음을 잘 표현하지 않을 때가 있다. 실제로 승강기에서 발을 밟혀도 먼저 "미안하다." 라고 무의식중에 내뱉기도 하거나 상대의 제안을 거절할 생각을 하고 있더라도 그 자리에서 대답하지 않고, 단지 "한번 곰곰이 생각해 보겠다." 고 이야기한다.

이것을 '다테마에(建前)' 라는 하는데 겉으로 표현되는 형식적이고 원칙적인 의미이며, '혼네(本音)'는 솔직한 마음이 담긴 본심을 말한다. 이런 양극의 상태는 무라사회라는 일본의 폐쇄적이고 배타적인 촌락의 문화였다.

일본은 자연재해가 자주 일어나기 때문에 마을 사람들의 단결력과 윗사람에 대한 복종이 요구되었다. 그래서 공동체 내에 튀는 행동을 혐오하는 의식이 형성되었다.

그렇지 않으면 추방당하거나 생존에 관련된 도움을 받지 못했다. 사실 과거에는 공동체에서 추방당하는 것은 생존의 문제가 달려 있기 때문에 무난하게 행동하는 것처럼 보이는 다테마에가 발달했다는 것이다.

그러나 한국인들은 겉과 속이 다른 사람을 표리부동했다고 좋지 않은 이미지를 가지고 있다. 그만큼 한국인은 자기 생각과 감정을 있는 그대로 표현하는 것을 선호한다. 나도 상대방이 기분 나쁘거나 상처받지 않도록 주의하면서 말하는 자신이 부자연스러울 때도 있다. 마치 나와 맞지 않는 옷을 입고 있는 듯한 느낌이었다.

순간 문화가 주는 유익함도 있지만, 동화되어 버려서 자신의 정체성을 잊어버릴 수도 있다는 생각이 들었다. 특히 문화 속에 담긴 의미를 제대로 파악하고 그 안에서 그리스도인의 역할을 찾아서 일본선교의 방향 전환이 필요할 것이다.

🖋 메이와쿠(迷惑)

일본에서 가장 주의해야 하는 것이 있다면 바로 남에게 폐를 끼치는 행위이다.

이것을 '메이와쿠(迷惑)'라고 부르는데, 이 말이 기본적인 예절로 인식될 만큼 문화로 정착되어 있다. 그래서 함부로 쓰레기를 버리면 안 되고 반드시 줄을 서서 자신의 차례를 기다려야 한다.

이 말은 1970년대 초, "他人にめいわくかけないようにしましょう(남에게 폐를 끼치지 않도록 합시다)"라는 공익광고가 표어로 등장할 정도로 국가에서 장려하였다고 한다. 그래서 서로를 존중하고 배려하는 분위기와 의식이 생겨나기 시작하였다.

그래서 부모들은 아이들에게 남에게 폐를 끼치면 안 된다고 입버릇처럼 강조한다.

실제로 식당이나 공공장소에 가면 많이 듣게 된다. 나도 그런 메이와쿠의 문화에 있다 보니깐 남에게 폐를 끼치는 행위에 대해서 민감하게 반응하고 의식하게 되었다. 물론 남에게 폐를 끼치는 행위는 좋은 것은 아니지만 늘 마음에 큰 부담감과 답답함이 있었다. 그 와중에 이 뉴스 기사를 보고 깜짝 놀랐던 적이 있었다.

2009년 부산사격장 화재로 일본인 관광객 8명이 숨겼는데도 부산을 찾은 유족들은 오히려 "죄송합니다."라고 하였다. 그리고 2015년 이슬람 무장단체 IS에게 잡힌 두 명의 일본인이 참수형을 당하는 영상이 공개된다. 첫 번째 피해자인 '유카와 하루나'의 아버지는 아들의 참수 소식을 듣자 "폐를 끼쳐서 죄송합니다."라고 했다. 그리고 두 번째 피해자인 '고토 겐지'의 어머니의 인터뷰에서도 "죄송합니다."로 말문을 열었다고 한다.

'도대체 어떤 민폐를 끼쳤고 뭐가 그렇게 죄송한 것인가?'

사실 한국인의 입장에서 보면 누구나가 이런 상황이라면 통곡하며 분통을 터트릴 것이다. 단지 일본인들에게 뿌리내린 메이와쿠 문화로 인해 자신의 통곡조차도 타인에게 폐를 끼치는 것으로 여겨 그 슬픔을 안으로 삭이면서 평온했던 분위기를 자신 때문에 깨트려서 죄송하다는 것이다.

또 메이와쿠 문화는 일본인 자신에게 해당하는 문제이기도 하다.

그래서 위안부 문제나 강제 징용문제 그리고 후쿠시마 원자력 폭발문제에 대해서 일본인들이 드러내서 항의하지 않고 쉬쉬하며 수습하는 이유도 바로 일본인 자신에게 해당하기 때문이다. 그래서 일본사회의 여러 비리와 의혹들이 있어도 잘 드러나지 않는 것도 여러 시선에 대한 두려움도 있기 때문이다. 늘 이러한 일본 문화적 현실의 벽을 피부로 느끼고 있다. 앞으로 일본의 메이와쿠 문화를 견지하며 선교를 해야 하는데 어떻게 하면 좋을지 고민하게 된다.

🖋 동조압력(同調圧力)

얼마 전에 석사논문과 관련 세미나에 참석하였다.

세미나의 주제는 '일본 기독교 선교의 역사' 였는데, 강사로는 니가타 성서학원의 '나카무라 사토시(中村 敏)' 학장님이었다. 개인적으로 사토시 학장님에게 일본선교의 역사와 관련해서 몇 가지 질문을 하고 싶었다.

'일본문화에 맞춘 선교전략은 무엇인가?'

'한국과 일본의 선교역사에서 실질적으로 협력한 적이 있는가?'

강연 내내 흐트러짐이 없는 자세와 차분한 목소리로 일본 기독교 선교역사의 핵심을 강연해 주었다. 일목요연한 강의 내용과 정중한 답변이 인상적이었다. 어떠한 권위 의식을 느낄 수가 없었고, 따뜻함과 온화함이 전해졌다.

사토시 학장님의 강연 중에 가장 기억에 남는 단어가 있었다.

'동조압력(同調圧力)'

일본 사회에서 다수의견과 다른 것을 주장하거나 자신만의 개성을 가지고 살아간다는 것은 엄청난 용기가 필요하다는 것이다. 모두가 함께하는 분위기에 동조하지 않으면 그 사람은 협조성이 없다고 해서 비판을 받기 때문이다. 그래서 "빨간 신호등이라도 함께 건너면 무섭지 않다!" 라는 말이 있다. 건너면 안되는 신호등이라도 다수가 선택하기 때문에 가는 것이다. 만약 다수가 가는 것을 함께 가지 않으면 손가락질을 당하고 무시와 냉대를 받는다.

그러나 99%이상이 넌 크리스천인 일본 사회에서, 한 명의 그리스도인으로 살아간다는 것은 모두가 함께 가는 분위기와 가치관과 다른 선택을 해야 한다. 아무리 다수가 빨간 신호등을 건넌다 할지라도 그것이 잘못된 것이라면 가지 않아야 한다. 그것이 잘못된 선택이라고 외쳐야 할 것이다. 문득 나에게는 그러한 힘과 용기가 있는지 되돌아보았다.

"여러분들은 이런 일본문화와 사회 속에서 어떤 선택을 하실 건가요?"

사토시 학장님은 무겁고 어려운 질문을 던지면서 우치무라 간조의 '죽은 물고기의 종류(死魚の類)'를 인용하며 강연을 마치셨다.

"살아있는 물고기는 조류를 거슬리며 헤엄치며, 죽은 물고기는 조류와 함께 흘러간다."

그리스도인의 능력은 수용과 배타 할 수 있는 데에 있다. 비록 손가락질을 당하고 냉대를 받는다고 할지라도 시대적, 상황적, 세속적 흐름에 휩쓸려서는 안 된다는 것이다. 그리스도인은 이것들을 배타 할 수 있는 성경의 기준과 가치관이 있다는 것이다. 순간 일본문화 속에서도 모두가 함께 꼭 가야 합니까? 라고, 자신 있게 말할 수 있는 그리스도인의 한 사람으로 살아가고 싶어졌다.

🖋 이치고 이치에(一期一会)

한국인들은 친해지면 상대를 위해 무엇인가를 해주려고 하며 서로 의지하고 기댈수록 더 친해지기도 한다. 그래서 한국을 정의 문화라고 하지 않던가. 그러나 일본인들은 주위의 시선을 의식하거나 타인에게 민폐를 끼치지 않는 것을 생활의 원칙으로 인간관계를 맺는다. 또한 남에게 부탁하는 것을 폐를 끼친다고 생각하고 타인의 삶에도 깊이 관여하지 않으려고 한다.

이렇게 남에게 폐를 끼쳐서는 안 된다는 강박증과 형식적이고 인위적인 관계에 지친 일본인을 많이 만나게 된다. 오히려 따뜻하고 진실한 만남과 관계에 목말라하는 모습을 보인다. 그렇다면 모든 일본인의 인간관계를 이렇게 형식적일까. 일본에서는 다음과 같은 말이 있다.

'이치고 이치에(一期一会)'

이 말은 일본의 차도에서 유래되었는데, 손님에게 따뜻한 오차를 대접하면서 "오늘의 이 만남이 마지막일지도 모르니 이 순간을 소중히 해요." 라는 의미가 있다. 매번 만나는 관계라도 더 이상 만날 수 없을지도 모른다는 마음가짐으로 대한다면 인간관계가 많이 달라질 것이다.

이 말을 14년 전 차도를 지도하신 일본인 교사에게 배운 후부터, 늘 기억하고 실천하였다. 분명히 만나는 사람과의 관계와 태도가 달라졌다. 상대방이 좋은 의도를 가지든지, 나쁜 의도를 가지든지 상관없이 모든 만남에 주님의 뜻과 인도하심이 있다고 믿었다.

때로는 상대방에게 사기를 당하기도 하였고, 불편한 관계 때문에 속이 상해서 밤을 지새운 적도 있었다. 상대방을 원망하거나 비난하기도 하였다. 특히 꾸준히 쌓아왔던 신뢰 관계가 한순간 무너졌을 때면, 자신의 한계와 무력감에 실망하였다. 그러나 이 모든 원인이 나의 실수와 잘못에 있다는 것을 인정하면서 용서를 구하였다.

어느덧 세월이 흘러보니, 이전보다 나의 마음가짐이 많이 달라져 있었다.

모든 만남과 관계에는 어떠한 의미가 있기 때문에 소중하지 않은 관계가 없다는 것이다. 늘 이치고 이치에의 마음가짐을 기억한다면 더 이상 사람을 미워지거나 두렵지 않을 것이다. 더 나아가서 주님이 나를 사랑하신 것처럼 남을 사랑하고 섬긴다면 그리스도의 복음을 전할 수도 있을 것이다.

우리는 하나님이 우리에게 베푸시는 사랑을 알았고, 또 믿었습니다. 하나님은 사랑이십니다. 사랑 안에 있는 사람은 하나님 안에 있고 하나님도 그 사람 안에 계십니다.(새 번역 요한일서 4:16)

🌱 꽃가루 알레르기

따뜻한 봄이 시작되는 2월부터 화창한 날씨와 아름다운 꽃들이 피어나지만, 이 시기에 일본인의 세 명 중의 한 명이 꽃가루 알레르기로 고통스러워하고 있다. 주로 삼나무와 노송나무의 꽃가루가 퍼지는 시기에 발병해서 눈이 따갑고 충혈되거나 재채기와 콧물 심하면 빈혈과 두통을 앓기도 한다.

나도 지난 일주일 동안 심한 재채기와 콧물 머리에 바늘이 찌르는 듯한, 고통을 느꼈다. 혹시 감기 증상인가라는 생각에 잠시 휴식을 취해보았지만, 재채기와 콧물, 빈혈과 두통은 좀처럼 진정되지 않았다.

저마다 몸 안에 꽃가루를 담는 그릇의 크기는 천차만별이지만, 매년 쌓인 꽃가루가 꽉 찼을 때 나타나는 증상인 화분증이다. 일본은 1950~1970년 사이에 외국에서 들여온 삼나무를 전체 면적의 18%를 심었다고 한다.

쭉쭉 뻗은 삼나무로 산림을 울창하게 가꾸긴 하였지만, 일본의 고유 나무들이 점점 사라지면서 삼나무가 피는 2~5월까지는 일본인 세 명 중의 한 명이 화분증으로 고생을 한다. 특히 도쿄의 심은 삼나무만 벌채하거나 벤 곳에 삼나무 씨앗이 떨어져 다시 자라나지 않는다고 해도 현재의 예산으로 400년이 걸린다고 하니 현실을 인정하고 적응하며 살아갈 수밖에 없다는 것이다.

보통 오염된 공기를 들이마시게 되면, 몸 내부에서 이물질을 처리하는 항체를 만들어 면역반응을 일으킨다. 특히 코로 들어온 꽃가루는 항체인 히스타민을 만들지만, 이 항체가 많이 생겨나면 재채기, 콧물, 코막힘, 눈이 가려움 증상이 나타나는 것이다. 그래서 이 히스타민을 억제하기 위한 약이나 음식들이 잘 팔리지만, 아직까지 완치되는 방법이 없다고 한다.

문득 이렇게 눈에 보이지 않는 미세한 꽃가루가 몸속에 들어와서 이렇게 괴롭다면, 아무리 작고 사소한 죄도 영적으로 심각한 문제를 일으킬 수 있다는 생각이 들었다.

그러므로 네가 어디에 떨어졌는지를 생각해 내서 회개하고, 처음에 하던 일을 하여라. 네가 그렇게 하지 않고, 회개하지 않으면 내가 가서 네 촛대를 그 자리에서 옮기겠다.(새

잠잠히 주님을 바라보면서 지난날의 잘못과 죄를 생각해
보았다.

일상생활에서 타인이 보지 않을 때 침을 뱉은 일, 쓰레기
분리수거 하지 않았던 일, 신호를 지키지 않고 무단 횡단을
했던 일, 남을 원망하거나 화를 내고 비판했던 일, 불순한
생각과 절제하지 못한 행동, 교만함과 나태함이 떠올랐다.

주님은 일본생활에서 작고 사소한 일이지만 그리스도인답
게 살지 못했던 실상을 직시하게 하셨다. 의롭게 살고자 하
는 마음은 크지만 이런 사소한 일도 지키지 못하는 자신의
모습에 매번 실망하게 된다. 그러나 자신의 죄를 자백하면
신실하시고 의로우신 주님께서 모든 죄를 용서하시고 불의
에서 깨끗게 해주신다고 약속하셨다. 그래서 주님의 은혜를
힘입고 그 믿음으로 사는 것이라는 확신이 들었다.

**우리가 우리 죄를 자백하면, 하나님은 신실하시고 의로우
신 분이셔서, 우리 죄를 용서하시고, 모든 불의에서 우리를
깨끗하게 해주실 것입니다.**(새 번역 요한일서 1:9)

⚘ 봄철 피로 증후군

올해 초부터 규칙적인 생활로 몸의 밸런스를 유지하려고 노력하였다.

식습관과 운동, 수면 시간을 기록하면서 경건의 훈련도 꾸준히 하였다. 주님이 주시는 은혜를 영적 항아리에 채워 넣고 주위 사람들과 함께 나누면서 때로는 은혜의 강물을 이룰 때도 있었다. 하나님이 주신 은혜와 감동은 이루 말할 수 없었다.

> **하나님께서는 여러분에게 온갖 은혜가 넘치게 하실 수 있습니다. 그러하므로 여러분은 모든 일에 언제나, 쓸 것을 넉넉하게 가지게 되어서, 온갖 선한 일을 얼마든지 할 수 있습니다.**(새 번역 고린도후서 9:8)

그런데 며칠 전부터 급격한 피로가 몰려왔다.

갑자기 찾아온 피로감으로 견디기가 매우 힘들었고 심한 현기증과 헛구역질까지 했다. 잠시 휴식을 취했지만 좀처럼 회복의 기미가 보이지 않았다. 해야 할 일이 산더미처럼 많은데 몸이 움직이지 않았다. 애가 타는 마음만 붙들고 있다 보니 정말 괴로웠다.

겨우 주일 예배와 봉사를 섬긴 뒤 늦은 시간에 기숙사로 돌아왔다.

어제 일들을 묵상하면서 일기를 적는데, 문득 스쳐 지나가는 생각이 있었다.

'혹시 어제 증상은 겨울에서 봄으로 바뀌는 시기여서 그런가?'

잠시 그것과 관련해서 인터넷에 검색하다 보니, 봄철 피로 증후군이라는 증상이 있었다. 이것은 겨울에서 봄으로 바뀌면서 몸의 멜라토닌(수면조절 호르몬)이 감소하고 엔도르핀(통증과 불안 조절)이 증가한다는 것이다. 그래서 신체도 이 두 호르몬이 조화를 이루어 가는 과정에서 일시적인 피로감과 우울한 증상이 나타난다고 한다.

문득 멜라토닌과 엔도르핀이 서로 조화를 이루는 과정에서 나타나는 증상과 나와 주님이 함께 동행하는 과정에서 나타나는 증상도 비슷한 부분이 있지 않겠느냐는 생각이 들었다. 매 순간 주님과 함께 친밀한 동행을 하려고 의식하지만, 때로는 힘들고 피곤한 적이 있었고 심지어는 우울한 감정으로 눈물을 흘린 때도 있었다.

어쩌면 지금까지 자신도 모르게 지은 죄악과 거짓말, 교만, 분노, 염려, 두려움으로 괴로워하는 것도 주님과 함께 동행하는 과정에서 드러나는 반응이라는 생각이 들었다. 겨울에서 봄으로 계절이 바뀌면서 나타나는 일시적인 피로감처럼 주님과 친밀한 동행 가운데 겪는 어려움을 잘 받아들이고 견딜 수 있도록 기도해본다.

🖋 무거운 짐

얼마 전에 갑자기 오열을 하게 되었다. 너무 당황스러워서 어쩔 줄을 몰랐다. 지금까지 이런 적이 없었기 때문이었다. 사실 눈물은 영혼의 상처에서 나오는 피와 같다고 하지만, 갑자기 눈물이 터져 나온 곳이 교회도, 예배실도 아니었다. 차를 운전하다가 갑자기 눈물이 나서 한참을 울었다. 혹시나 해서 병원에 가서 진단을 받아보기로 했다. 다행히 몸에 큰 이상은 없지만, 의사는 갑자기 눈물이 나고 멈추지 않는 이유가 몇 가지 있다고 하였다.

첫째, '감정실금(感情失禁)'이라는 병이라고 하였다.
대소변을 참지 못하고 싸는 사람들, 특히 어린아이나 노인들, 지적장애인들에게 자주 나타나며 뇌혈관의 장애가 있을 때도 그렇다고 한다.

둘째, 과중한 업무에 대한 스트레스와 풍부한 감수성이라고 한다.

자신이 감당할 수 있는 양을 초과하거나 충분한 휴식을 취하지 못할 때, 지금 너무 무리하고 있어 몸에서 SOS 사인을 보내는 것이다. 특히 풍성한 감수성을 가진 사람들에게 자주 나타난다고 한다.

셋째, 거절 못하는 성격 문제와 타문화로 오는 스트레스라고 한다.

자신이 할 수 있는 것과 할 수 없는 것을 구분하지 못하거나, 부탁받은 것을 'NO'라고 말하지 못하는 성격에서 오는 스트레스이다. 남을 도와주려는 자세는 좋지만 자신의 한도를 넘지 않는 선에서 돕는 것이 중요하다고 하였다.

마지막으로 일본문화라는 특수성에서 오는 중압감이다.

특히 자신의 개성을 드러내면 '모난 돌이 정 맞는다.' 는 속담처럼 늘 타인을 의식하는 생활에서 오는 불안이라고 한다. 상담가, 의사, 목회자 등 사람들을 대하는 직업을 가진 사람들에게 자주 나타난다고 한다. 자신의 경우에는 첫 번째를 제외한 부분이 다 포함되었다.

많은 일본 유학생들이 일본문화와 생활을 받아들이는 과정에서 자문화의 차이에서 오는 스트레스가 있다. 또한 경제적 불안과 인간관계에서 생기는 갈등으로 심리적으로 위축되기도 한다. 심지어는 탈모, 두통, 수면부족, 식욕부진, 의욕상실 등 신체적인 문제도 생긴다. 그래서 충분한 휴식을 취하고, 자신의 페이스대로 생활하는 법을 익히면서 스트레스를 해소하는 방법을 찾는 것이 중요하다.

나는 산책이나 묵상을 통해서 삶의 무게 중심을 잡아간다. 그래서 잠시 일본 생활을 되돌아보게 되었다. 매일 해야 할 일들로 바쁜 시간을 보냈다. 물론 크고 작은 성취감을 누리기도 하였지만 바쁜 생활을 보내야만 자신의 가치와 존재를 증명하고픈 욕심이 있었다. 이런 마음이 자신의 한계를 넘는 행동을 하게 만들었던 것이었다. 바쁜 일본생활에서 벗어날 수가 없고, 힘들다고 투덜대거나 포기해서도 안 되는 일들이 많다. 그래서 잠시 해야 할 일들을 멈추고 주님의 음성에 귀를 기울여 보았다. 주님은 다음과 같이 말씀하셨다.

수고하며 무거운 짐을 진 사람은 모두 내게로 오너라. 내가 너희를 쉬게 하겠다.(새 번역 마태복음 11:28)

우리가 예수님을 바라보면서 그분의 삶을 닮아갈 때, 내 짐은 더 이상 무겁거나 고통스럽지 않다는 것이다. 단지 그 짐을 통해서 나를 변화시키려는 주님의 마음을 배우게 된다고 말씀하셨다. 순간 마음의 평안함이 찾아왔고 늘 나에게 참된 위로와 격려를 해주시는 주님을 바라보니 눈물이 났다.

🖋 나의 눈물을 가죽 부대에 담아 두소서.

바쁜 일본 생활에서 기도의 시간을 가지는 것이 힘들 때가 있다.

그러나 어떤 거룩한 부담감을 느껴서인지 유학생 기도회에 참석하게 되었다. 매주 한국인 유학생 중심으로 모여서 일본교회와 일본선교를 위해서 뜨겁게 기도하고 있다. 지금은 일본인과 한국인이 함께 기도하면서 주님의 믿음 안에서 하나라는 사실을 상기시켜 준다.

그러나 그동안 바쁜 일정과 계획들을 소화하면서 기도회 모임에 잘 참석하지 못했다. 예전에는 기도 모임에 참석하기 전에 일주일의 삶을 되돌아보았다. 일본 생활을 하면서 주님 앞에 정직하지 못했고, 사람들을 미워했고, 불순한 생각과 행동들을 눈물의 기도로 회개하였고, 매번 성령의 기름 부으시는 은혜를 경험하였다.

눈물은 영혼의 상처에서 나오는 피와 같다는 말이 있듯이 성령님께서 나의 마음의 상처와 아픔을 어루만져 주셨고,

모든 죄악과 잘못을 용서하셨다. 그 때 흘린 감동과 기쁨의 눈물이 어찌 많았던지.

그러나 이번에는 기도와 찬양을 하는데 눈물이 나지 않았다.

더 이상 죄와 사망의 권세에 지배받지 않고 살아가지만 눈물이 나지 않았다. 하나님의 사랑과 은혜에 대한 감사를 드리는데 눈물이 나지 않았던 것이다.

'도대체 얼마나 오랫동안 기도를 하지 않았는가?'

설교자 찰스 스펄전은 설교 준비를 할 때, 예수를 세 번 부르는데 눈물이 나지 않으면 자신이 얼마나 타락 한지를 알고 회개하였다고 한다. 방자일 목사님의 「나의 눈물을 주의 병에 담으소서」 책에서 "하나님은 눈물의 기도를 들으시며, 성령의 역사가 눈물의 병을 채운다."고 하였다. 눈물이 진실함과 간절함의 표현이라면 눈물이 없는 기도는 위선과 형식의 표현일 수 있다는 생각이 들었다.

내가 기도하는데 눈물이 없었던 이유는 분명하였다.
바쁜 일본생활로 기도를 소홀히 했던 것이다. 그러다 보니 미워하고 싫은 사람을 용서하지 못했고, 상황과 환경에 불만족했던 것이다. 그러나 주님은 이런 나를 헤아리시고, 그

동안 흘린 눈물을 주님의 가죽 부대에 담아 두셨다고 약속
하셨다. 비록 바쁜 일상생활 속에서 예상하지 못한 일들로
좌충우돌하는 자신의 모습에 실망하고 좌절하지만, 눈물의
기도로 주님과의 관계를 회복시키고 힘과 용기를 얻기를 갈
망하게 되었다.

**나의 방황을 주님께서 헤아리시고, 내가 흘린 눈물을 주님
의 가죽 부대에 담아 두십시오. 이 사정이 주님의 책에 기
록되어 있지 않습니까?**(새 번역 시편 56:8)

❧ 오늘도 주님 앞에서 쌓여 간다.

이제 곧 신대원의 졸업을 앞둔 학생들의 진로에 대한 고민
과 기도 제목을 많이 듣게 된다. 그러나 나는 졸업 이후의
진로가 결정되지 않아 장기이수생으로 남기로 하였다. 장기
이수생은 졸업 후의 진로가 결정되지 않거나 비자 문제, 건
강 문제가 있는 학생을 위한 학교 측의 배려로 만들어진 것
이다. 그래서 학비도 10분의 1로 줄어든다.

물론 모든 수업과 학점을 마친 상태이고, 석사 논문도 거
의 마무리 단계에 있다.

앞으로 본격적으로 일본선교를 할 교회와 교단을 신중히

기도하고 있지만, 어떤 것도 결정된 것이 없었다. 어디로 가서 무엇을 해야 할까. 단지 주님께 기도하면서 주시는 마음에 따라 움직일 뿐이다. 그래서 지금까지 쓴 수첩과 일기장을 보았다. 이런저런 계획들이 빼곡히 적혀져 있었다. 그동안 보고 배우고 깨달은 것들도 있었지만, 그 이상으로 실패해서 좌절하고 낙담한 흔적들이 많았다.

'지금 뭘 하고 있는건가?'
'정말 이대로 살아도 되는가?'
'오늘 하루를 어떻게 살고 있는가?'

올해로 일본 생활 15년째, 신학교 다닌 지도 6년째가 된다. 그동안 나의 마음가짐이 달라졌다는 것이 느껴진다. 이제는 뭔가 빨리 이루어야 하는 마음보다는 언제든지 내려놓을 수 있고, 뭔가 해야 한다는 마음보다는 왜 이것을 해야만 하느냐는 이유와 목적을 놓고 기도하게 된다. 그리고 반드시 성공해야 할 필요는 없지만 소신을 가지고 살아갈 필요는 있다는 생각이 들었다. 물론 생각처럼 잘 살아지지 않고, 무엇하나 내세울 것도 이룬 것도 없지만 내 인생을 인도하시는 분이 주님이라는 확신을 하게 되었다.

사람이 마음으로 자기의 앞길을 계획하지만, 그 발걸음을 인도하시는 분은 주님이시다. (새 번역 잠언 16:9)

🪶 거저 주는 섬김의 관계

일본선교를 하려면 반드시 일본인들과 관계를 맺고 살아
갈 수밖에 없다.

남을 의식하는 일본인과 생활하다 보니 나도 주위 사람들
을 많이 의식하게 되었다. 이런 말과 행동을 했을 때 나를
어떻게 바라볼까. 혹시 내가 그리스도인이라는 것 때문에
불편하지는 않을까라는 생각이 자주 든다. 때로는 타인과
비교하면서 열등감을 가지고 자신을 채찍질하기도 하였고,
조금 잘 한다고 해서 우월감을 가지고 자만하기도 하였다.
언제나 타인이 기준으로 나를 바라보고 평가하고 있었다.

특히 다른 사람에게 인정받고 그 기대에 만족하기 위해서
열심히 일본 생활을 하였다. 그러나 마치 내 몸과 맞지 않는
옷을 입고 있는 듯한 느낌으로 부자연스럽고 불편하였다.
늘 마음에 평안함도 없었고, 매 순간 인간관계의 고민과 갈
등으로 밤을 지새우기도 하였다.

그래서 그리스도인의 바른 인간관계를 맺는 방법을 찾기 위해서 기도하였다.

주님은 자신의 필요에 따라 사귀거나, 처세술이나 방법론으로 인간관계를 맺지 말라는 것이다. 먼저 자신이 사람들에게 필요로 하는 사람이 되고, 남이 원하는 것을 거저 주라는 것이다. 주위 사람의 눈치를 보면서 인간관계를 맺지 말고 비록 손해를 보더라도 정성스럽게 섬기라는 것이다. 그리스도인의 삶은 희생과 섬김 그리고 충성이라고 말씀하셨다.

우리가 가지고 있는 모든 것 중에 내가 가지고 나온 것은 하나도 없다. 창조주 하나님이 주신 것이고 모두가 주님 것이다. 우리를 죄와 사망과 지옥의 저주에서 살과 피를 흘려 목숨까지 바쳐 건저주신 영원한 생명도 주님이 주셨다. 단 한 가지라도 내 것이라고 주장할 것이 없기에 우리는 주를 위해 섬김과 충성밖엔 없다.

'너희가 거저 받았으니 거저 주라.'(마태복음 10:8)

'네가 죽도록 충성하라 그리하면 생명의 면류관을 네게주리라.'(요한계시록 2:10)

'맡은 자에게 구할 것은 충성이니라.'(고린도전서 4:2)

🖋 일본어 선생님

일본어 학교에 다닐 때 나를 잘 챙겨주셨던 선생님과 식사를 하였다.

비록 5년 만에 만났지만, 이야기를 나누는 내내 따뜻함과 친근함이 전해졌다. 사실 그분은 사고로 인해 한쪽 다리를 절뚝거렸고, 몸이 불편하셨다. 그러나 늘 양손에는 많은 책과 교재를 가지고 다니시면서 학생들에게 적극적으로 가르쳐주셨다.

때로는 종이 울린 뒤에도 수업이 계속되는 경우가 많았다. 그래서 학생들은 정시에 수업을 끝내 달라고 불평하였다. 사실 바쁜 일본생활로 피곤한 학생들의 입장이 충분히 공감하였지만, 그런 불평에 아랑곳하지 않고 선생님의 수업방식은 한결같았다. 나는 그분의 열정과 성실함을 배우고 싶었다. 그래서 수업이 끝난 뒤에 아이들은 서둘러 교실을 떠나갔지만, 나는 수업 뒷정리를 함께 도와주면서 그날 배운 일본어를 복습하기도 하였다. 그때마다 선생님은 나에게 하시는 말씀이 있었다.

"朴さんは、ほんとうに熱心だし、優しいですね(청민씨는 늘 열심이고 상냥하네요)"

이 말이 나에게 큰 격려가 되었고 점점 깊은 교제를 나눌 수 있었다.

어느 날 선생님은 자신이 크리스천이라고 고백하면서 신앙의 교제도 나눌 수 있었다. 당시 학교 내에서 전도 활동을 하지 못하게 하여서 낙심하고 있을 때, 함께 기도해 주셨던 든든한 믿음의 동역자였다.

때로는 복음을 전하는 것으로 인해 장학금을 못 받기도 하였고, 주위로부터 심한 비난도 받기도 하였다. 그러나 그분은 나를 변호해주시고 격려를 아끼지 않았고, 신앙의 자유를 강제해서는 안 된다며 침묵하지 않으셨다.

일본어 학교를 졸업한 후, 바쁜 일본생활로 정신없이 지내고 있을 때도 항상 먼저 연락을 주셨다. 그리고 연말연시에는 손수 적은 연하장을 보내주시면서 자신의 근황을 전해주며, 어떤 기쁜 일이나 축하할 일이 있으면 정성스럽게 포장된 선물까지 보내주신다. 늘 나의 건강과 안부를 묻고 기도해 주시는 선생님의 섬김에 감동이 된다. 이런 일본인 선생님을 만나게 해주신 주님께 감사드렸다.

✒ 걱정이 됩니다.

지금은 60여 명의 청년들이, 일본의 간사이(関西) 지역에서 선교 활동을 하고 있다. 올해로 3년째 선교사역을 섬기고 있지만, 매년 많은 청년들이 일본선교로 동역할 수 있어서 기쁘다. 특히 30대 중후반의 팀원들은 여러 삶의 경험과 사회생활에서 우러나오는 성숙함이 일본교회에 안정감을 주고 있었다.

사실 한일관계가 좋지 않은 시기에 일본선교로 떠난다는 것은 그렇게 좋아 보이지 않을 수 있다. 굳이 이 시기에 가야 하느냐고 핀잔을 주기까지 하였다. 그런데도 일본선교에 함께 동역한다는 것은, 일본선교의 관심과 선교적 삶에 대한 갈급함이 있기 때문일 것이다.

우리는 하나님의 동역자요, 여러분은 하나님의 밭이며, 하나님의 건물입니다.(새 번역 고린도전서 3:9)

어제는 오사카의 히라가타 교회에 방문하여서 일본인 목회자와 함께 교제를 나누었다. 일 년 만에 만났지만 마치 어제 만난 것처럼 친근함이 느껴졌다. 오후 늦은 시간 태풍으로 인해 비가 내리는 날씨지만, 역으로 노방전도를 하러 갔다. 문득 이런 걱정이 생겼다.

'이렇게 늦은 시간에 전도해도 괜찮을까?'

내가 오랜만에 노방전도를 해서일까. 이런 상황과 환경이 낯설게만 느껴졌지만, 선교팀과 함께 전도할 수 있다는 사실이 기뻤다. 선교팀이 만든 앙케트 보드에는 "당신에게 있어서, 누가 당신을 가장 사랑한다고 생각합니까?" 라는 질문에 "가족, 친구, 배우자나 친구, 자기 자신" 이라는 답에 스티커를 붙이게 하였다.

놀랍게도 자신을 사랑한다는 사람이 가족이라는 응답이 가장 많았다.

일본에서 가족 간의 갈등과 문제로 불거진 사건 사고의 뉴스를 볼 때마다 안타까운 마음이 들었지만, 아직도 많은 사람들이 가족에 대한 사랑과 신뢰가 있었다.

두 시간 동안 노방전도를 마치고 돌아오는 길에 일본인 목회자와 함께 이야기를 나누었다. 그분이 이런 말을 해주었다.

"지금 한국 생활이 걱정됩니다. 그래서 늘 기도가 됩니다!"

그분과 자주 안부를 묻거나 연락을 못 했지만, 늘 나를 위해서 걱정하고 기도해 주고 있었다. 사랑이 식어가고 무관심해져 가는 시대 속에서, 누군가 자신에 대해서 걱정을 해주는 사람이 있다는 것에 감사가 되었다. 특히 한일간의 냉랭한 관계 속에서 민족과 나라를 뛰어넘어 보이지 않는 곳에서 기도로 섬기는 일본인의 모습에 깊은 격려를 받았다.

그러므로 나는 무엇보다도 먼저, 모든 사람을 위해서 하나님께 간구와 기도와 중보 기도와 감사 기도를 드리라고 그대에게 권합니다.(새 번역 디모데전서 2:1)

🖋 따뜻하고 세심한 배려

일본인 집으로 초대받을 때 주의해야 할 것이 몇 가지 있다. 먼저 과자나 과일과 같은 선물은 보기 좋게 포장한 뒤 종이봉투에 담아서 예의 바르게 건네주면서 초대에 대한 감사를 전한다면 일본문화에 잘 이해하고 있구나! 라는 인상을 주게 된다. 간단한 인사말을 나눈 후 거실이나 방으로 안내받았다면 어디에 앉으면 좋을지는 물어봐야 한다. 누가 어디에 앉는지 정해져 있기 때문이다. 그리고 함께 식사할 때면 음식이 얼마나 맛있고 훌륭한지에 이야기해야 한다. 아무 말도 하지 않으면 요리가 입에 맞는지 안 맞는지 알 수 없기 때문이다. 이것이 일본생활에서 몸에 익힌 부분이었다.

어제는 일본인의 가정 모임에 참석하였다.

집주인은 50년간 신앙생활을 해 온 일본 그리스도인이었는데 정중하며 상냥하였다.

'일본 그리스도인은 어떻게 관계를 맺어갈까?'

옹기종기 10여 명 정도의 사람들이 모여 있었고, 맛깔스러운 음식이 준비되어 있었다. 특히 꽃무늬 테이블보와 흰색 식기와 젓가락. 컵 등. 어느 것 하나 흐트러짐이 없이 완벽하였다. 참 따뜻하고 밝은 분위기였다.

모든 사람이 착석한 뒤에, 간단한 기도를 하고 식사를 하였다.

음식에 대한 이야기부터 일주일 동안 있었던 일들까지 일상적인 대화가 오고 갔다. 교회를 다니지 않는 사람들도 있었기 때문에, 어려운 교회 용어보다는 알기 쉬운 감사와 행복이라는 단어를 많이 표현하였다. 일본 그리스도인은 참예의 있고 상냥하게 교제를 나누는 모습이 인상적이었다. 그리고 누군가가 이야기를 하면 전체가 신중하게 듣는다. 어느 한 사람이 주도적으로 이야기하지 않고, 모든 사람이 한마디씩 하도록 배려를 하였다.

식사가 끝난 뒤, 과일과 다과가 나왔다.

한입에 들어갈 크기로 잘린 과일, 오차와 커피, 각종 음료가 준비되어 있었다. 그리고 마치 누군가 준비했듯이 일주일에 감사했던 일을 나누었다. 그 당시 느꼈던 심정과 생각 등. 자신의 속마음을 표현하다 보니, 그다음 사람도 진솔한 이야기를 꺼냈다. 차례대로 한마디씩을 한 뒤에, 집주인은 오늘 식사 모임에 참석해준 것에 대한 감사의 말로 마무리를 했다.

모임이 끝나면서 어느 일본인이 다음과 같이 말하였다

"이 모임에 참석해서 어려울 때마다 많은 위로와 격려를 받았어요. 아직은 하나님을 믿지는 않지만 이분들의 모습을 보면서 하나님의 마음이 느껴져요."

자신의 본심을 밝히지 않고 에둘러 표현하더라도 그 의도가 상대에게 전달되는 일본 사회에서, 일본 그리스도인의 솔직한 나눔과 섬김에 미신자에게는 잔잔한 감동이 되었다. 그들은 뜨겁지도 차갑지도 않은 따뜻하고 세심한 배려로 꾸준히 신뢰 관계를 쌓아가고 있었다. 대인관계에 피로감을 느끼는 요즘, 주님의 사랑을 몸소 실천하는 일본 그리스도인의 모습을 통해 관계와 사귐에 대해 깊은 감명을 받았다.

그대의 믿음의 사귐이 더욱 깊어져서, 우리 안에 있는 모든

선한 일을 그대가 깨달아 그리스도께 이르게 되기를 나는
기도합니다.(새 번역 빌레몬서 1:6)

🖋 일본인과의 관계

어느 일본인 목사님이 은퇴할 때, 후배 목사들에게 남긴
말이 있다.

한국 정서로 표현하면 다음과 같다. "반평생 목회하다 보
니 깨달은 것이 일본목회는 관계에서 시작해서 관계로 끝났
다. 마치 새끼줄을 꼬아서 묶고 엮어서 끝매듭을 짓는 것과
같았다."

문득 어느 노인이 양손으로 볏짚을 비벼 새끼줄을 만든 다
음, 그것을 꼬아서 짚신과 바구니를 만드는 모습이 떠올랐
다. 어쩌면 일본인과의 관계도 볏짚을 비벼 새끼줄을 꼬아
묶고 엮으면 쉽게 끊어지지 않는 것처럼, 꾸준히 관계와 신
뢰의 매듭을 지어가는 것이 아니겠느냐는 생각이 들었다.
실제로 일본인들과 관계를 맺기가 힘들지만, 한 번 관계를
맺으면 평생을 가려고 하는 특징이 있다

종종 일본인과의 관계 속에서 불편할 때도 있지만, 성실과
진심으로 대할 때면 상대방도 똑같이 반응하기도 하였다.

따라서 일본선교는 상황과 필요에 따라서 맺는 협력 관계보다는 오랜 시간의 신뢰를 바탕으로 하고 있다. 일본에서 기본적인 관계 형성은 함께 오차를 마시며 이야기를 나누는 것부터 시작된다. 시간이 흘러서 어느 정도의 관계와 신뢰가 쌓였다고 판단되면 서로의 고민과 문제들을 나눈다. 그래서 서로가 신뢰하기까지 반드시 기다려야 한다.

그렇지만 오랜 시간 동안 쌓아왔던 관계도 무서운 이기심과 복잡한 상황과 현실로 무너졌던 적도 있었고, 속이 상해서 불편한 감정을 표현한 적도 있었다. 여전히 주님은 여러 사람과의 신뢰와 관계 속에서 끊임없이 훈련하고 계셨다.

비록 손해 보고 곤란한 처지와 상황에 놓이더라도 매 순간 어떠한 사실을 부풀려서 말하거나 자신에게 유리하게 이야기하지 않도록 말이다. 이것은 신뢰 관계를 유지하는 가장 중요한 부분이라는 생각하였다. 일본목회가 관계에서 시작해서 관계로 끝난다면 그 어떤 관계도 소홀히 할 수 없을 것이다. 무엇보다도 주님과의 관계 속에서 선하고 정직한 길을 걸어가고 싶은 마음이 간절해진다.

주님, 선한 사람과 그 마음이 정직한 사람에게 은혜를 베풀어 주십시오.(새 번역 시편 125:4)

일본에서의 깨달음 ━━━━━━━━━━━━━━ ✒

🖋 묵상은 따뜻하게 오래 갑니다.

묵상은 영어로 'Meditation' 이다.

약이 몸 안으로 들어와 온몸에 퍼져나가는 것을 의미한다. 그래서 묵상은 어떤 단어나 문장이 내면으로 들어가서 상당한 영향을 미친다. 묵상 시간은 그날의 몸 상태에 따라 짧거나 길게 조율할 수도 있다. 얼마 전까지 학교 공부와 교회 사역, 선교 활동으로 너무 지쳐있었다. 끊임없이 해야 할 일이 많았고 빈틈없이 해야 한다는 압박감이 있었다.

'이러다가 또다시 탈진하겠구나!'

잠시 멈춰 서서 주님을 바라보는 시간을 가지기로 결단하였다.

그래서 2박3일로 조치대학(上智大學)의 '침묵의 집'에 갔는데 마치 수도원 같은 곳이었다. 사실 수도원 생활은 세상과 떨어져 하나님의 거룩한 백성의 삶을 사는 곳으로 이해하고 있다. 그래서 수도원 운동은 초대교회 때 핍박을 피해 은둔

한 것과 세속화된 교회로부터 구별된 삶을 추구하였다. 수도원 생활은 믿음의 거룩한 생활을 전제로 하고 있어서 세상과 현실에서 격리된 생활을 요구한다.

그러나 이곳에는 단 한 가지 규칙이 있었다.
그것은 온종일 어떠한 말을 해서도 안 된다는 것이다. 온종일 침묵하면서 휴식을 가지는 것이 좋겠다고 생각하였지만, 실제로 그렇지 않았다. 온종일 말을 하지 않아서 더 답답하기만 하였다.

'모처럼 여기까지 왔는데 뭔가를 해보자!'

오랫동안 기도하면서 성경을 읽어보기로 하였지만 30분을 넘기도 못하였다.
앉았다가 일어섰다가 누웠다가 뒹굴었다가 밖을 멍하니 보기도 하였지만, 좀처럼 시간은 가지 않았다.

'내가 왜 여기에 온 거지?'

침묵과 묵상에 대해 회의감이 들기 시작할 때, 이곳에서 어느 신부님을 소개해주었다. 그분은 조치대학원에서 교수로 활동하고 계셨다. 함께 산책하면서 이런저런 이야기를 나눌 수 있었는데, 침묵과 묵상에 대해 다음과 같이 말씀하셨다.

"침묵과 묵상의 영성은 뜨겁지는 않지만 따뜻하게 오래 갑니다."

묵상은 1,500년간 서유럽 교회와 수도원에서 실천하였지만, 지금은 일본인의 정서와 문화에 맞는 묵상법으로 바뀌었다고 알려주었다. 그 방법은 다음과 같다.

첫째, 10분간 숨을 내뱉고 들이마시는 과정을 반복하며 자신이 몇 번을 호흡하는지 세어본다. 호흡을 의식하게 되면 몸이 편안해지는 것이 느껴진다. 몸 상태와 영성은 깊은 관련성이 있기 때문이다.

둘째, 5분간 침묵과 묵상과 관련된 성경 말씀을 읊조리면서 마음에 담는다.

예를 들어,

내가 주님을 기다린다. 내 영혼이 주님을 기다리며 내가 주님의 말씀만을 바란다.(새 번역 시편 130:5)

나는 주님의 법을 묵상하며, 주님의 길을 따라 가겠습니다.(새 번역 시편 119:15)

일본 유학생활

내 영혼이 잠잠히 하나님만을 기다림은 나의 구원이 그에게서만 나오기 때문이다. (새 번역 시편 62:1)

이와 같이 침묵과 묵상에 관련된 구절을 반복해서 읊조린다.

셋째, 10분간 오늘 하루에 주어진 말씀을 읊조리면서 마음에 와닿는 단어나 문장을 반복해서 묵상한다. 그리고 일상생활에 떠오르는 생각과 감정을 메모한다. 단 한 문장이거나 한 줄이라도 상관이 없다.

넷째, 5분간 그 문장을 짧은 기도문으로 적어본다. 그리고 적은 것들을 다시 묵상하면서 읊조린다.

다섯째, 자신의 묵상을 혼자가 아니라 몇몇 사람들과 함께 나눈다. 그러면 더 많은 영적 유익을 얻고, 계속할 수 있는 원동력이 생긴다.

그날 이후, 침묵과 묵상을 신앙생활에 적용하였다.

매일 새벽마다 이 묵상법으로 실천하다 보니 마음은 뜨겁지는 않았지만, 그 생각과 감정이 따뜻하게 오랫동안 남아 있어서 말과 행동에 영향을 주었다. 오늘도 주님의 말씀을 마음에 담아두면서 그 은혜를 갈망하게 되었다. 할렐루야!

🖋 나무 틈새 사이로 비취는 태양 빛

이틀 동안 아무것도 먹지 못하다 보니 몸도 민감하게 반응을 한 것 같다.

물론 약간의 빈혈은 있었지만 산책하는 것에는 문제가 없었다. 교회 앞에는 시냇물이 흐르고 주위에는 울창한 나무 숲이 있다. 후지산이 보이는 숲속을 걸으면서 혼자서 중얼거려 보았다.

"주님. 내가 사는 이유는 무엇입니까? 만약 주님의 음성과 뜻을 찾지 못하면 의미가 없다고 생각합니다. 주님의 음성을 듣기를 원합니다. 내 마음 문을 열겠습니다."

문득 로렌스 형제의 「하나님의 임재의 연습」이라는 책이 생각났다.

80페이지의 짧은 글이지만, 300년 전 잘 알려지지 않은 평신도 수도사 로렌스 형제의 편지글로 되어있다. 그는 40년 동안 프랑스 갈멜 수도원에서 생활하였다. 일평생을 신발수선, 식당 봉사, 잡무 등과 같은 남들에게 주목받지 못한 일을 하면서도 하나님의 임재를 연습하였다. 그 어떤 사람들보다도 기쁨과 평안의 삶을 살았다.

이 책을 통해서 우리는 기도와 찬양의 시간만이 하나님의 임재를 느끼는 것이 아니라, 일상생활의 작고 사소한 일들에서도 하나님의 사랑을 경험하는 방법을 알려준다. 단지 내 마음과 생각 감정을 의도적으로 하나님께 집중하고, 가볍고 솔직한 마음을 자주 표현하는 것이다.

주위의 바싹 마른 겨울나무를 보면서 겨울을 나기 위해서 온갖 나뭇잎을 떨어뜨린 모습이 인상적이었다. 천천히 그늘진 숲속을 걷고 있는데 나무들의 틈새로 햇볕이 비춰고 있었다. 잠시 멈춰 서서 나무 틈새 사이로 비춰는 태양 빛을 바라보았다. 그늘진 길을 걸어가고 있지만, 여전히 태양 빛은 따뜻하게 비추고 있다는 사실이었다. 그런데 내가 어디를 바라보고 있느냐에 따라 전달되는 느낌은 전혀 달랐다.

울퉁불퉁한 길과 그늘을 보고 있는지 아니면 나무 틈새 사이로 비춰고 있는 태양 빛을 바라보고 있는지 분명히 같은 상황이지만, 마음의 자세는 달라졌다. 마치 주님이 앞으로의 인생도 마찬가지이지 않겠느냐고 말씀하고 계시는 것 같았다.

모든 상황과 환경을 주님의 시점으로 바라본다면 그 어느 것 하나 감사하지 않는 일이 없을 것이다. 매 순간 태양 빛과 같은 주님의 은혜와 사랑을 누리게 해주심에 감사드린다.

🖋 계절에 맞지 않게 핀 민들레꽃

얼마 전에 '위대한 침묵'이라는 영화에서 찍은 한 장의 사진을 보았다.

오래된 건물에 창문이 나 있고 그 창문을 통해 빛이 들어오는 사진이었다. 이것은 언어가 사라질 때 비로써 보이기 시작한다는 의미가 담겨 있었다.

위대한 침묵의 촬영 장소는 카르투지오 수도원이다.

알프스산맥의 깊은 숲에 지어진 곳인데, 외부에 한 번도 공개된 적이 없다고 한다. 그러나 침묵을 어떻게 영화에 담을 것인가라는 의문을 가지고, '필립 그로닝'이라는 감독이 이곳에 촬영을 부탁하였다. 그러나 수도원 측에는 아직 때가 아니라며 거절을 한다. 그로부터 19년이 지난 후에 촬영 허락을 받는다.

영화는 168분 동안 일관되게 침묵을 하고 있었다.

단지 수도원의 사람들은 6시30분에 기상해서 19시30분에 잠자리에 든다. 식사는 점심 한 끼, 저녁에 빵과 음료만 먹는다. 육식을 하지 않기 때문에 콩과 빵, 치즈를 많이 먹었다.

난방을 위해 나무를 자르는 모습도 사명이라는 단어가 떠

오르게 하였다. 그리고 아침과 저녁 예배로 성당으로 갈 때
는 항상 두건을 쓰는데 이것은 자신의 눈에 들어오는 불필
요한 것을 차단하고 오직 시선을 주님께 두기 위한 훈련이
었다.

순간 반복되고 바쁜 일상생활에서 얼마나 불필요한 말과
행동을 많이 하는지를 되돌아보았다. 그래서 산책로를 걸으
면서 주위를 바라보는데 푸른 하늘과 하얀 구름, 단풍과 잔
디밭이 보였다. 자연을 만드신 주님의 위대하심에 감사기도
를 드렸다.

약간 차가운 바람이 불어오지만 따뜻한 햇볕으로 춥지는
않았다.
그래서 잔디밭에 있는 의자에 앉아서 침묵의 시간을 가졌
다. 불필요한 것을 차단하고 오직 시선을 주님께 두었다.

'주님. 혹시 저에게 말씀하려는 것이 있나요?'

넓은 잔디밭이었지만 내 눈에 들어오는 것이 있었다.
계절에 맞지 않게 핀 노란색 민들레꽃이었다. 자세히 보지
않으면 눈에 띄지 않는 작은 꽃이었다. 민들레는 봄에 피는
꽃인데, 왜 추운 겨울에 피었을까. 가까이 가서 자세히 보았
다. 아마도 따뜻한 날이 계속되다 보니깐 민들레도 착각을

한 것이라는 생각을 들었다. 순간 내 마음에 또 다른 음성이 들려왔다.

"추운 바람이 부는 겨울이지만, 반드시 따뜻한 봄날은 온다."

주님이 눈에 띄지 않는 작은 민들레꽃을 통해 말씀하신다. 지금은 추운 겨울이지만 반드시 따뜻한 봄날은 온다는 사실이다. 모든 인생도 마찬가지라는 생각이 들었다. 비록 지금까지 하고자 하는 일들은 안 되고, 주위에는 도와주는 사람도 없고, 뭐 하나 제대로 이룬 것도 없는 인생이지만, 반드시 따뜻한 봄날은 온다는 것이다. 이 깨달음을 잊지 말아야겠다. 할렐루야!

오늘 있다가 내일 아궁이에 들어갈 들풀도 하나님께서 이와 같이 입히시거든, 하물며 너희들을 입히시지 않겠느냐?(새 번역 마태복음 6:30)

⚑ 무서우면 넘어지세요!

우리는 생명을 건 실천의 말이 마음을 밝히는 등불이 될 때가 있다.

어제는 어느 일본인 목사님이 처음 스키를 탈 때, 깨달은 것을 함께 나누어 주었다.

"혹시 스키를 탈 때 무서우면 넘어지세요!"

사실 초보자가 스키를 타면 자주 넘어지지만, 자꾸 넘어지다 보면 화가 나고 짜증이 밀려온다. 그래서 스키를 잘 타는 사람처럼 무한 질주하고 싶다고 욕심이 생긴다는 것이다. 목사님은 용기를 내서 상급자 슬로프에 올라가지만 밑을 내려다보니 아찔해서 두려움이 몰려왔다. 그래도 여기까지 왔으니 한번 도전하기로 하였다고 한다.

'한 번이라도 신나게 멋있게 타 봐야지!'
'되든 안 되든 마음껏 한번 도전해 볼 거야!'

스키의 일반적인 속도는 보통 50킬로라고 하지만, 체감속도는 20~30킬로가 더 보태진다고 하니 엄청난 속도인 것이다. 결국 목사님은 큰 부상은 피했지만 중요한 교훈을 배웠다고 한다. 그것은 스키의 속도감이 주는 쾌감이 있지만, 속도를 제어할 수 없으면 바로 넘어져야 한다. 그래야 큰 사고를 피할 수 있다는 것이다.

마찬가지로 우리는 도전이라는 멋진 말로 포장해서 시도

할 수 있지만, 자신의 실력 이상으로 욕심을 부리면 큰 사고를 친다는 것이다. 그래서 자신의 실력과 한계를 아는 것이 중요하다. 앞으로 자신이 하려고 하는 어떤 무모한 계획을 도전이라는 이름으로 포장하지 말고, 먼저 주님께 엎어지라는 것이었다.

문득 반복되는 일본 생활에 새로운 뭔가 하려는 욕심이 생기는 요즘이었다.

새로운 뭔가를 시작하고 싶은 마음은 컸고, 그 일에 대한 흥미와 자신감도 있었다.

그러나 잘 준비하지 않고 무모하게 도전하려고 했던 욕심이 있지 않았는가. 주님께 기도하지 않고 내 뜻대로 행동하려고 했던 일을 되돌아보면서 회개하였다.

🪶 주님께 간구하는 매일의 기도

2018년 수첩을 정리하면서 가장 눈에 띈 것이 바로 '주님께 간구하는 매일의 기도'를 적어둔 노란 포스트잇이었다. 매일 포스트잇에 적은 내용으로 기도하다 보니 거의 외우고 있었지만, 매번 조용히 읊조리면서 묵상할 때마다 주님이 주시는 은혜는 달랐다. 그래서 2019년 수첩에 옮겨붙여서 꾸준히 기도해야겠다고 다짐하였다. 늘 주님의 사랑과 마음을 잊어버리고, 타락하기 쉬운 자신임을 누구보다도 잘 알고 있기 때문이다.

주님은 에베소 교회의 수고와 인내, 열심히 복음을 전한 것을 잘 알고 계셨다. 그러나 에베소 교회에 대해 나무랄 것이 있다고 하였다. 그것은 바로 주님의 처음 사랑을 잊어버린 것이었다. 그래서 늘 첫사랑과 마음의 중요성을 알려주신다.

나는 네가 한 일과 네 수고와 인내를 알고 있다. 너는 참고 내 이름을 위하여 고난을 견디어 냈으며 … 그러나 너에게 나무랄 것이 있다. 그것은 네가 처음 사랑을 버린 것이다.

(새 번역 요한계시록 2:2-4)

오늘도 또다시 주님께 간구하는 매일의 기도를 조용히 읊조리며 기도를 한다. 주님의 은혜 없이는 살아갈 수 없는 존재라는 것을 고백하며 말이다.

✌ 주님께 간구하는 매일의 기도

아버지. 바꿀 수 없는 것에 대해서,
그것을 받아들일 수 있는 냉정함과 평안함을 주소서.

그러나 바꿀 수 있는 것에 대해서는,
그것을 바꿀 수 있을 만큼의 용기와 지혜를 주소서.
무엇보다도 이것들을 분별할 수 있는 정결한 마음을 주소서.

매일 주님께 간절히 구하는 일곱 가지가 있습니다.

첫 째,   헛된 것과 거짓을 멀리하게 하소서.

둘 째,   나를 가난하게도 부하게도 하지 마시고,
          이웃을 섬기고 하나님께 드려도 조금 넘치게 채워주소서.

셋 째,   사람들을 대하거나 일을 할 때,
          즐거운 마음을 주셔서 지치거나 피곤하지 않게 하소서.

넷 째,   나태하거나 게으르지 않게 하셔서
          남은 인생을 낭비하지 않게 하소서.

다섯 째, 악한 사탄과 마귀의 영적인 공격으로부터 지켜주소서.

여섯 째, 오직 주님의 말씀을 분별하고,
         순종할 수 있도록 성령 충만하게 하소서.

일곱 째, 어떤 일을 하거나 어떤 사람을 만나든지
         예수 그리스도만을 바라보게 하시고
         그 음성에 순종하게 하소서.

마지막으로 오늘 하루도
내 생각대로 내 의지대로 내 열심대로 살지 않도록 도와주소서.
오직 주님의 마음으로 살아가겠습니다.
이미 나는 죽었고 예수님과 함께 살기 때문입니다.

그래서 내가 살아도 주를 위해 살고, 주를 위해 죽겠습니다.
이것이 나의 믿음의 고백이요. 삶의 기준입니다.
무엇보다도.
주님이 나에 대한 놀라운 계획을 기대하며,
그 일을 시도할 수 있도록 힘과 용기를 주소서.
아멘!

제5부

일본 선교사

🖋 매일 일기를 쓰는 유익함

매일 일기를 적는 것에 부담감을 느끼고 있지만, 매일의 삶을 되돌아보는 영적인 유익함이 크다. 복잡한 생각과 감정이 정리되면서 객관적으로 자신을 바라보기 때문이다. 특히 작고 사소한 잘못과 죄를 발견하고 회개하다 보면, 중요한 삶의 교훈과 깨달음을 얻는다.

그러나 주님을 얼마나 의식하고 살았는지, 어떤 환경과 상황 속에서 내 마음과 감정은 어땠는지 정직하게 오픈하는 것이 힘들 때가 있다. 그리고 자신의 열등감과 추한 모습을 드러내는 것도 매우 불편하였다. 마치 사람들 앞에서 자신의 알몸을 드러내는 듯한 느낌이 들기 때문이었다.

굳이 이렇게까지 자신의 내면적인 갈등과 모습을 드러내야 할까라는 의문이 들기도 하였다. 특히 어떤 사실을 부풀려서 이야기했던 일, 무서운 이기심, 집착과 욕심, 교만, 게으름과 나태함, 정욕과 음란 등 셀 수 없을 정도로 추악한 실상을 직면하게 될 때면, 일기를 적는 것이 두렵기까지 하였다. 혹시나 이것을 오픈하는 것으로 인해 주위 사람과 공동체에 좋지 않은 인상과 영향을 주지는 않을까 염려가 되기 때문이다.

그러나 구구절절한 일상생활의 이야기를 적는 것이 아니라, 매 순간 예수님을 얼마나 바라보았는지, 그때 나의 마음과 말과 행동에 어떤 변화가 있었는지, 주님을 바라보지 못하였을 때 어떤 일이 있었는지를 일기에 기록하려고 노력하였다. 어느덧 일기를 쓰다 보면 주님의 음성이 생생하게 들리기도 하였다.

매일 일기를 쓰다 보면 생각처럼 일이 잘 안 풀려서 낙심하고 있거나 의욕이 없고 좌절하고 있을 때도 주님은 늘 나와 함께하고 계신다는 사실을 깨닫고 힘과 용기를 얻었다. 그리고 은밀한 죄가 없어지고, 무절제하고 게을렀던 생활에서 벗어나게 되었다. 거짓말을 하거나 혈기 부렸던 성질이 없어지고, 가족과 주위 사람과의 관계가 회복되면 걱정과 근심, 두려움이 떠났다.

아무런 길이 보이지 않고, 희망이 없다고 생각할수록 더 주님을 의지하고 신뢰하게 되었다. 정말 놀라운 변화였다. 예수님과의 인격적인 관계는 한 번으로 끝나는 것이 아니라 일생 계속되어야 하는 신앙의 자세라는 생각이 들었다.

그리고 지금까지의 일본생활을 되돌아보면, 주님의 뜻은 내가 뭔가 하고 싶을 때 하지 말라고 하시는 경우가 많았고, 무엇을 해야 할 것 같은 압박감을 받지만, 그냥 잠잠히 주님만을 바라보라고 하셨다. 아무리 그 생각과 방법이 선하게 보여도, 자신이 보기에 옳은 것으로 결정해서는 안 된다는 것을 깨닫게 해 주셨다.

혹시 주님의 뜻대로 살려는 마음조차도, 내 생각과 의지가 너무 많이 들어가면 오히려 주님의 기적을 체험하지 못하는 경우가 많았다는 것을 되새겨본다. 오늘도 바쁘고 분주했던 일상의 생활을 되돌아보면서 일기를 쓰면서 주님을 바라본다. 내 뜻과 생각을 내려놓고 주님의 음성을 듣기를 기도해본다.

그러므로 하늘의 부르심을 함께 받은 거룩한 형제자매 여러분, 우리가 고백하는 신앙의 사도요, 대제사장이신 예수를 깊이 생각하십시오.(새 번역 히브리서 3:1)

🪶 혼자 먹은 국수 한 그릇

　나의 삶은 믿음의 훈련으로 다듬어져 왔지만, 여전히 주님은 일상생활에서 작고 사소한 일들로 연단하고 계신다. 늘 선하고 정직하게 살고 싶지만, 전혀 생각하지도 못한 일들로 마음이 무너지는 때가 있다. 자신의 체면과 입장을 지키려고 본의 아니게 변명과 핑계를 대는 모습에 좌절감과 실망감은 이루 말할 수가 없다.

　올해는 신대원 학비를 내지 못해서 결국에 일 년 치의 학교 식사비를 취소하였다.

　그러다 보니 매일 밥을 만들어 먹어야 하는 부담감과 홀로 먹는 외로움이 많다. 때로는 대충 끼니를 때우거나 굶기도 한 적도 있었다. 비록 지금은 형편이 어렵고 힘들지만, 자족하는 법을 훈련시키는 주님의 뜻으로 받아들이고 있었다.

**　나는 비천하게 살줄도 알고 풍족하게 살줄도 압니다. 배부르거나 굶주리거나 풍족하거나 궁핍하거나 그 어떤 경우에도 적응할 수 있는 비결을 배웠습니다.** (새 번역 빌립보서 4:12)

　어제는 점심때 교회 봉사자를 위해 덮밥이 나왔다. 그러나 밥 위에 다진 고기와 간장을 뿌려 준 것이 전부였다. 게 눈 감추듯이 한순간 먹어 치웠지만 허기진 배를 채우진 못했다. 더 먹고 싶은 마음은 있었지만, 자존심 때문에 말을 할 수 없었다. 봉사가 끝난 뒤에 사람들 눈치를 보면서 식당에 어슬렁거렸다. 다들 바쁘게 청소하고 정리를 하고 있었다.

"죄송하지만, 혹시 찬밥이라도 남은 게 있을까요?"

다행히 어느 성도가 국수 한 그릇을 말아 주셨다.
한 그릇을 거의 삼키듯이 먹었는데, '아차'하는 생각이 들었다. 신대원 후배의 밥을 챙기지 못하고 혼자 먹어 버렸기 때문이었다. 순간 미안한 마음이 들었지만 어쩔 수 없다는 생각했다.

'그냥 안 먹은 척을 하고 내려가야 하겠구나!'

교회 아래층으로 내려갔는데 때마침 후배가 물어보는 한 마디가 있었다.

"혹시 밥을 먹었어요?"

짧은 질문에 매우 당황하였다. 순간 복잡한 생각과 감정이 교차하면서 '아니! 안 먹었어!' 라고 말하고 싶었지만 도저히 거짓말을 할 수가 없었다.

"응 먹었어! 근데 말이지⋯."

그냥 가볍게 먹었다고 이야기하면 되는데 구구절절 변명하였다.

사실 별로 대수롭지 않은 일이었지만, 왠지 모를 미안한 마음이 들어서 견딜 수가 없었다. 성령님이 주시는 마음이라고 느껴졌다. 나중에 후배를 근처 편의점에 데리고 가서 음료수를 사주면서 솔직한 마음을 표현하고 용서를 구했다. 자신도 본의 아니게 내 마음을 불편하게 만든 질문을 해서 미안하다며 잘 이해해주었다.

'내가 이런 사람이구나. 국수 한 그릇으로 거짓말하고 믿음을 무너뜨릴 뻔했구나!'

늘 마귀의 유혹과 영적 공격은 크고 대단한 일에서 오는 것이 아니라, 작고 사소한 일에서부터 시작된다는 것을 깨닫게 되었다. 만약 이러한 일들이 반복되다 보면 자신도 속고 주위 사람들도 속여서 순식간에 믿음이 무너지게 된다. 그러므로 매 순간 믿음으로 사는 훈련이 필요한 이유가 더 분명해졌다. 어떠한 상황에서도 흔들리지 않는 믿음이 간절해졌다.

🖋 선교사의 삶과 훈련

온종일 딸아이가 아팠다. 아침부터 부어오른 얼굴과 콧물, 기침으로 쌕쌕거리고 있었다. 아내도 몸 상태가 좋지 않았다. 지난주 숨 가쁜 일정과 장거리 이동, 추운 날씨로 아내와 딸아이가 몸살이 난 것이다.

이른 아침부터 빨래, 집 청소, 장보기, 여러 업무를 처리한 뒤 오후에 돼서야 겨우 집에 왔다. 온종일 아내와 딸의 몸 상태가 걱정되었고, 내 마음도 좀처럼 안심이 되지 않았다. 예전에는 딸이 너무 건강해서 걱정했는데, 이제는 딸이 아프니깐 걱정이 되는 나의 모습이 한심스러웠다.

'아내와 딸이 건강할 때 감사해야 하는데..'

늘 아내에게 이야기하고 고백하는 선교사의 삶이 있다.
그것은 '언제든지 이사할 준비', '언제든지 설교할 준비', '언제든지 죽을 준비'이다.
그러나 주님이 인도하시는 환경과 상황, 관계 속에서의 훈련은 절대 간단하지 않다.

특히 30여 년간 나와 다른 삶을 살아온 아내와 갓 태어난 아기에게는 사소한 일들조차 버거운 일이다.

근처의 소아과에 가서 진단을 받았다. 일본인 의사는 다음과 같은 말을 하였다.

"검사결과를 보면, 아이는 감염병이나 바이러스로 인한 고열은 아니니 걱정하지 마세요. 그냥 그대로 두면 자연스레 낫습니다. 이번 계기로 아이의 면역력이 높아질 거예요."

그 말을 듣는 순간에 안심이 되었다.

콧물과 눈물로 범벅이가 된 아이의 모습을 보면서 걱정하였지만, "자연스레 낫는다"는 의사 말 한마디가 그동안의 모든 염려와 걱정이 한순간에 사라지게 하였다.

종종 주님도 나에게 콧물과 눈물로 범벅이가 되게 하는 일들을 겪게 하신다. 그 당시에는 불만과 탄식이 터져 나왔지만, 되돌아보면 모든 것이 주님의 인도하심이었다는 것을 고백하게 된다.

어느덧 예전과는 다른 모습으로 성장한 나를 발견하게 된다. 우리가 주님의 훈련과 징계를 들을 때, 낙심하지 말아야 할 이유도 여기에 있다고 생각하였다. 주님은 사랑하시는 사람을 훈련시키시고 성장시키시기 때문이다. 오늘도 여러 일정과 만남 속에서 주님의 인도하심을 기대하며 기도해 본다.

무릇 징계는 어떤 것이든지 그 당시에는 즐거움이 아니라 괴로움으로 여겨지지만, 나중에는 이것으로 훈련받은 사람들에게 정의의 평화로운 열매를 맺게 합니다.(새 번역 히브리서 12:11)

❦ 주님 한 분으로 충분해요.

종종 눈이 피로하고 사물이 흐릿하게 보일 때가 있었다.

오랫동안 일본 생활로 인한 피로라는 생각도 하였지만, 스트레스가 점점 쌓여가는 듯한 느낌이 들었다. 그래서 10여 년 전부터 안경과 하드 렌즈로 시력교정을 하였지만, 대수롭지 않게 생각하였다. 눈 신경은 각종 신장과 연결된 민감한 부분인데, 그동안 건강관리를 잘하지 못한 게 후회가 된다.

얼마 전에 안과 진료를 받으러 병원에 갔는데 담당 의사가 눈의 각막이 원추 모양으로 많이 튀어나와서 수술을 받아야 한다는 것이다. 순간 의사의 말에 가슴이 철렁 내려앉았다. 말 한마디가 이렇게 마음이 혼란스럽게 할 줄은 몰랐고, 요동치는 감정도 좀처럼 진정되지 않는다.

'정말 말 한마디가 사람을 살리고 죽이기도 하는구나!'

일본 선교사

부담스러운 수술비용 때문에 그냥 불편해도 살아가는 데 지장이 없다면 수술을 하지 않는 것도 괜찮지 않을까는 생각도 했지만, 어느 목사님이 수술비용을 보태 주셨다. 그러나 양쪽 눈을 수술하기 전에 심정이 매우 복잡하다.

'정말 수술 후에는 잘 보일까?'
'만약 수술이 잘못되어서 앞을 보지 못한다면 어떻게 살까?'
'혹시 신체 일부에 장애가 생긴다면 지금처럼 살아갈 수 있을까?'

여러 복잡한 생각 속에서 눈을 감고 주님께 솔직한 심정을 고백해 본다.

"주님. 혹시 수술이 잘못되어서 앞이 잘 보이지 않는다면, 솔직히 살아갈 자신이 없고 어떻게 살아가야 할지 두렵기만 합니다. 그러나 모든 것이 주님의 뜻이라 믿어질 수 있는 확신과 용기를 주세요."

그 순간 주님은 내 마음에 잔잔한 감동을 주셨고, 두 눈에서 눈물이 흘러내렸다.
주님은 이런 나의 연약한 모습을 잘 알고 계시고 내 중심의 솔직한 마음을 듣고 싶으셨던 것 같았다. 그리고 평소에 눈으로 보고, 귀로 듣고, 입으로 말하고, 두 발로 걷고, 두 손으로 만지는 것이 얼마나 큰 축복이고 감사인지 실감하게 되었다.

문득 떠오르는 찬양이 있었다.
이 가사를 조용히 묵상하다 보니 흘러내리는 눈물을 주체할 수 없었다.
만약 수술이 잘못되어서 눈이 보이지 않더라도 주님 한 분만으로 충분하다고 고백할 용기가 생겼다.

나 가진 재물 없으나

시인 **송 명 희**

나 가진 재물 없으나.
나 남이 가진 지식 없으나.
나 남에게 있는 건강 있지 않으나.
나 남이 없는 것 있으니.

나 남이 못 본 것을 보았고,
나 남이 듣지 못한 음성 들었고,
나 남이 받지 못한 사랑받았고,
나 남이 모르는 것 깨달았네.

공평하신 하나님이 나 남이 가진 것 나 없지만,
공평하신 하나님이 나 남이 없는 것 갖게 하셨네.

🪶 더러워진 옷을 입고 간 커피숍

'초두효과'라는 용어가 있는데 처음 전달된 정보나 인상이 나중의 입력된 정보보다 기억에 더 큰 영향을 끼치는 현상을 말한다. 인간관계에서 첫인상이 중요한 이유도, 서로가 처음 만날 때의 든 느낌과 기분이 앞으로 상대방을 대하는 태도에 영향을 주기 때문이다.

한국에 온 이후부터 건설 현장에서 일하였다.

매일 새벽에 인력회사로 가서 정해주는 건설 현장으로 간다. 그러나 매일 어디서 어떠한 일을 할지 알지 못한다. 이곳에 일하러 오신 분들을 지켜보면 다들 누군가에게 말하지 못한 사연을 가지고 있는 것 같았다. 자신의 육체와 건강이 인건비이기 때문에 혹여나 몸이 아프게 되거나 쉬게 되면 돈을 벌 수가 없다.

실제로 건설 현장에 가면 흙, 돌, 바위, 철근, 기계장비, 먼지, 소음으로 매우 시끄럽다. 이러한 전쟁터와 같은 공사판에서 일하고 싶은 사람이 있을까. 이런 일을 할 수밖에 없는 사연은 분명히 가지고 있을 것이다. 나 역시도 말이다.

어제는 건설 현장에서 일을 끝난 뒤, 진흙과 흙먼지로 더러워진 옷을 입고 커피숍에 갔다. 비록 몸은 피곤했지만, 기분 좋은 마음으로 커피 한잔을 주문하였다. 그런데 직원이 인상을 찌푸리는 것을 한눈에 알 수 있었다. 대답도 없이 커피를 내려주는 모습에 기분 좋았던 마음도 순식간에 사라졌다. 물론 내가 오해할 수도 있지만 내 기분이 좋지 않았다는 것은 분명하였다.

'내가 노숙자처럼 보이나?'

집으로 돌아오는 길에 나의 더러워진 옷을 보면서 곰곰이 생각해 보았다.

주님은 사람의 외모가 아니라 마음의 중심을 보신다고 하지 않았던가. 모든 사람은 그 존재만으로 의미 있고 가치 있다는 것이 성경의 가르침이라는 생각이 들었다.

> **그러나 주님께서 사무엘에게 이르셨다. "너는 그의 준수한 겉모습과 큰 키만을 보아서는 안 된다. 그는 내가 세운 사람이 아니다. 나는 사람이 판단하는 것처럼 그렇게 판단하지는 않는다. 사람은 겉모습만을 따라 판단하지만, 나 주는 중심을 본다."**(새 번역 사무엘상 16:7)

순간 주님이 너는 지금까지 상대방을 그렇게 본 적은 없었느냐라고 질문하셨다.

주님의 질문 앞에 지금까지 상대방의 이미지를 보고 판단했던 순간들이 떠올랐다.

　남을 비판하고 판단했던 일로 결국 자신도 똑같은 일을
당하고 있었다. 커피숍에서 직원의 태도를 보고 화가 난 감
정이 어느새 주님 앞에서 차분하게 가라앉아 있었다. 앞으
로 어떠한 사람이든지 겉모습을 보고 함부로 판단하지 않
을 것이며, 주님의 마음으로 정성스럽게 대해야겠다고 다
짐하였다.

̄₀₂ 영혼의 어두운 밤 ⟁

🕊 번 아웃 증후군

번 아웃 증후군은 나에게 가장 견디기 힘든 부분이다.

힘든 상황과 관계로 인한 압박감과 과중한 일들로 심리적, 정신적인 에너지가 고갈되어서 무기력하게 만들기 때문이다. 특히 나에게 맡겨진 일과 해야 할 일을, 못했다는 생각에 심한 자괴감마저 들기도 한다. 지금까지 열대여섯 번의 탈진을 하면서 심한 자괴감을 들었기 때문에 어떻게 하면 잘 쉬면서 회복할 수 있을지는 대단히 중요한 부분이다.

예전에 도전이 되었던 말이 있었다

"게을러서 녹슬어 없어지는 것보다는 열심히 해서 닳아서 없어지겠다."

그래서 열심히 산다는 것은 나에게 중요한 과제였고, 오히려 쉰다는 것은 게으르다는 의미로 받아들였다. 그러나 한가한 시간이 주어지면 무엇을 해야 할지 혼란스러웠다. 그

냥 먹고 자는 것이 휴식이라고 이해하고 있었지만, 마음에
만족감이 없었다.

단지 선교 활동에 있어서 열심과 열정은 주님에 대한 사랑
의 표현이며 거룩함의 증거라고 믿었다. 그러다가 번 아웃
이 되면 책임감은 죄책감으로 바뀌어 있었고, 기쁨과 감동
도 사라졌다. 자신의 영적인 우물은 바닥이 나버리고 하다
못해 바가지로 퍽퍽 긁어내기까지 하였다. 그때의 고통은
이루 말할 수가 없었다.

지난밤도 해야 할 일을 처리하다가 쪽잠을 자게 되었다.
이곳저곳에서 스며드는 차가운 바람으로 제대로 잠을 자
지 못했고, 그동안 쌓인 피로감과 수면 부족으로 탈진하고
말았다. 이런 나약한 자신의 모습에 실망하였다.
늘 자족하며 감사하는 훈련을 하고 있지만, 자신의 모습을
바라볼수록 좌절감이 크다 보니, 나에게는 희망이 없다는
사실을 깨닫게 된다.

겨우 몸과 마음을 추스르고 주일 예배와 봉사를 한 뒤, 차
로 2시간 30분이 걸리는 기숙사에 도착한 뒤에서야 한숨이
놓였다. 신대원 생활과 목회 현장의 경계선에 있는 나에게,
앞으로의 일본선교에 대한 기대감보다 불안감이 큰 이유가
여기에 있다.

다양한 경험과 열정에 있어서 누구보다 자신감이 있지만 제대로 일본선교를 감당할 수 있을지 자신이 없어진다. 그동안 수없이 실패하고 좌절해서 포기한 적이 많았기 때문이었다. 그런 증거가 일기를 통해서 빼곡히 기록되어 있다. 그때는 앞이 보이지 않는 어두운 길을 걷는 듯한, 느낌이었다. 그러나 어두운 길을 걸어보지 않고는 희망의 빛이 간절해지지 않는다. 나에게 희망이 없기에 더욱 예수님을 바라보게 하면서 이 말씀을 붙잡는다.

나는 하나님의 은혜로 오늘의 내가 되었습니다.(새 번역 고린도전서 15:10)

오늘을 살아갈 수 있는 힘과 용기를 주신 분도 주님이며, 좌절하고 실망할 때에 늘 함께 계신 분도 주님이셨다. 비록 번 아웃을 경험하더라도 주님의 은혜를 더욱더 사모하게 되니 이것 또한 은혜이지 않겠는가.

❦ 영혼의 어둔 밤을 걸을 때

몇 주째 감기 기운이 떨어지지 않고 있다.

감기쯤이야 하고 대수롭지 않게 생각했던 것이 활기가 사라지고 우울한 감정이 일상을 뒤덮었다. 축 처진 어깨와 느린 걸음, 코 막힌 목소리, 초점이 잃은 눈동자, 시선을 아래로 떨구면서 걷다 보니 주위에서도 "평소의 모습과는 다른데, 혹시 컨디션이 좋지 않나요?" 라며 한마디씩 말을 건넨다. 상대방이 걱정해주는 말이지만, 왠지 모르게 마음이 불편해졌다.

'평소에 나의 모습이 어떠했는가?'

종종 자신에게 '나태하거나 게으르면 안 돼!', '네가 할 수 있는 일은 잘 해내야 해!', '최선을 다해야 해!' 라며 중얼거리면서 동기부여를 한다. 사람들에게 우유부단한 모습으로 신뢰를 잃어버리고 싶지 않았고, 늘 좋은 사람이 되고 싶은 욕구가 있기 때문이다. 그러나 지금은 나의 말투와 행동이 거칠었고, 책상도 잘 정리해 있지 않았다. 사람과의 약속도 잊어버리고 잠을 많이 자도 몸은 무겁기만 하였다. 무엇인가 막혀있는 듯한 답답함, 미로에서 헤매는 듯한 느낌이 밀려왔다. 냉랭한 마음은 주님과의 대화에도 적막감만 깊어졌다.

이처럼 영적 침체는 그리스도인이면서 전혀 그리스도인의 역할을 하지 못하는 상태라는 것을 실감하였다. 마치 깨진 그릇처럼 경건에 손상이 간 상태이다. 이런 영적 침체의 원인은 은밀한 중에 지은 죄의 문제, 미래에 대한 불안감, 자기 중심적인 욕심과 욕구, 교만함에 있었다. 또한 몸과 마음은 긴밀하게 연결되어 있기 때문에 육체적 피로가 영적 침체로 이어진다.

사람들에게 이러한 모습을 보이고 싶지 않아서 두꺼운 옷을 입고 마스크를 쓰고 다녔지만, 내 마음은 주님 앞에서 가릴 수가 없었다. 겨우 몸과 마음을 추스르고 일기를 적고 있지만, 가슴속이 텅 빈 것 같은 허전함이 몰려왔다.

주님 나를 긍휼히 여겨 주십시오. 나는 고통을 받고 있습니다. 울다 지쳐, 내 눈이 시력조차 잃었습니다. 내 몸과 마음도 활력을 잃고 말았습니다.(새 번역 시편 31:9)

그러나 이러한 영적 침체는 욥, 요나, 엘리야, 예레미야에게도 찾아왔다.

따라서 성도나 신학생, 그리고 목회자에게도 이런 영혼의 어두운 밤이 찾아올 수 있다는 사실이다. 예수님을 잃은 슬픔과 낙심에 가득했던 베드로에게, 주님은 나타나셔서 위로하셨다. 비록 영적 침체가 삶의 의미까지 송두리째 뽑아 버리는 아픔과 고통의 시간이지만, 자신이 얼마나 연약하고 무력한 존재인지 얼마나 주님의 은혜를 갈망하는지를 알게 된다.

따라서 영적 침체의 시간은 단순한 절망의 시간이 아니라 연단의 과정이라고 깨닫는다. 마음의 시기, 질투, 미움, 원망, 정욕, 교만함을 회개하고 하나님의 긍휼하신 은혜를 간구하였다. 영적 침체 속에서도 회복에 대한 갈급함이 있다는 사실에 감사하며, 구원의 기쁨과 즐거움을 찬양 드린다.

위로의 하나님을 바라본다.

인간의 마음은 참 변덕스럽다. 아침에 기분이 좋았어도 저녁까지 평안할 것이라고 보장하지는 않는다. 얼마 전까지 살아가는 의미조차도 몰라 낙담하고 있어도, 지금은 특별한 이유도 없이 즐겁고 평안할 때가 있다. 마치 맑은 날과 흐린 날이 있듯이, 영적 침체도 자연스러운 현상이라는 생각을 해 본다. 그러나 그 순간의 고통은 이루말 할 수 없을 것이다.

며칠 전에 일본인 동기생이 연락이 왔다.

"잠시 시간 괜찮으면 같이 기도할 수 있을까?"

때때로 마음을 터놓고 기도하는 친구이지만, 현재 그의 내면세계가 고갈된 상태였고 매우 피곤하고 지쳐 보였다. 학교생활, 교회사역, 세 명의 아이들의 육아, 집안일까지 거들다 보니 무기력증에 빠진 것이었다.

내면이 외부 환경과 상황을 지탱할 만한 힘이 없으면 붕괴하기 마련이다.

많이 자도 피곤하고 몸은 한없이 무거운 이유가 이 때문일 것이다. 영혼의 어두운 밤을 지내고 있는 친구를 위해 기도를 하면서 위로의 하나님을 바라보게 되었다.

사실 모세는 백성들의 끊임없는 불평과 압박에 지쳐서 하나님께 자신을 죽여 달라고 말한다(민수기 11:15). 그리고 아합과 이세벨에게 쫓기며 몸과 마음이 탈진한 엘리야는 한 로뎀 나무 아래에 앉아서 죽고 싶으니 생명을 거두어가라고 기도하였다(열왕기상 19:4). 바벨론 포로시대의 예레미야도 하나님께 자신이 살아 있는 것을 원망해서 죽고 싶다고 자신의 심정을 솔직하게 털어놓는다(예레미야 20장).

그러나 그들의 고백과는 다르게 주님은 그들을 위로하셨고 회복하게 하셨다. 그리고 그들의 사명을 감당할 수 있도록 힘과 용기를 주었다. 자신의 얼마나 무력한 존재인지 깨닫는 한편, 위대하신 하나님의 은혜를 갈망하게 되었다. 누구도 영적 침체와 무기력증을 피할 수는 없지만, 사명에 따라 살다가 좌절해서 절망하거나 자신이 보잘 것 없는 존재라고 고백하는 순간이야말로 위로의 하나님을 체험할 수 있다.

'어쩌면 고통스럽기 때문에 더 의미있지 않는가?'

밤늦은 시간, 집으로 가는 어두운 길을 홀로 갈 때면 음침한 적막함이 느껴진다. 그래서일까. 찬양을 부르는 목소리도 커지고 발걸음도 빨라진다. 그러나 새벽에 일어나서 주위를 산책하다 보면 나무들 사이로 햇살이 비치는 모습이 보인다. 분명히 어둠과 빛의 경계가 보인다. 그러나 잠시 멈춰서서 그것을 보면 해가 떠오르면서 어둠의 경계는 점점 사라져가고 따뜻한 빛으로 주위가 환해져 간다. 그 광경을 바라보고 있는 내 영혼도 환해진다. 내 영혼이 주님의 영광을 바라보는 순간이기 때문이다. 할렐루야!

내가 성소에서 주님을 뵙고 주님의 권능과 주님의 영광을 봅니다.(새 번역 시편 63:2)

🌱 상처 입은 치유자

며칠째, 몸 상태가 좋지 않고 좀처럼 회복할 기미도 보이지 않는다.

그래서 '지금 저는 아파요. 말할 기운이 없어요!' 라는 의미로 배려 마스크를 쓰고 다녔다. 평소보다 햇빛에 있는 곳으로 더 가고, 피로 회복제와 건강 음료수도 자주 마셨다. 잠을 자는 것과 음식을 먹는 것에 세심한 주의를 기울였다. 신경이 쓰이는 것이 한둘이 아니었다. 순간 수년간 몸이 아픈 사람의 심정은 어떠하겠냐는 생각이 들었다. 아마도 육체적인 고통으로도 삶이 바뀔 것이다. 그렇다면 내면적인 상처와 고통은 어떠한 의미가 있을지 고민해 보았다.

상대방을 좀 더 이해하기 위해서 아픔과 상처를 이해하는 것이 필요하다는 것이다. 마치 상처가 난 곳에는 굳은살이 생기듯, 상처는 성장의 원동력이 되기도 하고 남들에게 위로와 희망을 줄 수도 있다고 생각하였다. 사실 나도 여러모로 마음의 상처를 입었지만, 그 상처를 터놓을수록 오히려 그 상처가 얼마나 깊은지 알 수 있었다. 단지 그 상처를 이해하기보다는 상처를 깊이 느끼는 편이 나았고, 침묵 속에 상처를 지켜보는 편이 편안하였다.

세상 그 누구도 상처 없는 사람은 없다.
육체적, 정신적, 감정적, 영적으로 어떠한 형태든지 상처가 있게 마련이다. 문제는 이러한 상처를 어떻게 다른 사람을 위해 섬길 수 있겠냐는 것이다. 자신의 상처가 그저 부끄러운 과거나 흉터로만 남지 않고, 치유의 원천이 될 수 있다면 오히려 상처와 아픔을 환영해야 하지 않을까.

문득 이 세상에서 가장 많은 상처를 받은 사람이 예수님이라는 생각이 들었다. 아무런 죄와 잘못이 없으신 분이 다른 사람들의 죄악을 대신해 죽었다면 얼마나 큰 상처가 되었겠는가. 사실 예수님은 자신의 삶을 진실하게 사셨고, 십자가를 지고 죽으시는 것을 부끄러워하지 않으셨다. 자신이 십자가에 죽어야지만 많은 사람이 회복될 수 있다는 것을 아셨기 때문이었다.

예수님에게 있어서 십자가는 상처의 흔적이지만, 우리가 그 십자가를 생각할 때 위로와 감동을 하거나 상처와 갈등이 치유되는 것을 경험한다. 비록 예수님은 수많은 상처를 받았지만, 완벽한 치유자였다. 만약 자신의 내면적인 상처를 직면하게 된다면 예수 그리스도를 통해 그 어떤 상처도 치유될 수 있다고 확신하였다.

그가 찔린 것은 우리의 허물 때문이고, 그가 상처를 받은 것은 우리의 악함 때문이다. 그가 징계를 받음으로써 우리가 평화를 누리고, 그가 매를 맞음으로써 우리의 병이 나았다. 우리는 모두 양처럼 길을 잃고, 각기 제 갈 길로 흩어졌으나, 주님께서 우리 모두의 죄악을 그에게 지우셨다.(새 번

🖋 주님 앞에 그대로 서 있었다.

얼마 전에 신학원 동기생이 지난 일 년간의 목회를 함께 나누는 시간을 가졌다. 그동안 지진과 홍수피해, 병상 세례, 장례식, 세례식, 성도와의 관계, 지역 교회의 협력사역 등 많은 일이 있었다.

자신의 한계와 무력함을 느낄 때마다 주님이 주신 말씀을 붙잡고 일어섰던 간증은 현장 목회의 치열함과 중압감이 전해졌지만, 그의 눈빛과 말투가 예전과는 사뭇 다른 분위기를 느낄 수 있었다.

'말씀에 대한 신뢰인가?'
'목회 경험에서 오는 무게감인가?'
'자신의 한계와 무력함에 대한 절망감에 오는 외침인가?'

그에게서 전해오는 영적인 무게감과 달리 자신의 모습에는 어떠한 희망도 없었다고 고백하였다. 일본선교의 한계와 높은 현실의 벽에 부딪힐 때마다 숨고 도망가고 싶은 순간이 많았기 때문이었다. 그는 외롭고 고독한 목회 현장에서 자신이 할 수 있는 것은 그다지 많지 않았다. 단지 자신에게 주신 성경의 말씀을 붙잡고 꿋꿋이 버티는 것뿐이었다.

나도 일본선교의 시간과 인내가 필요하다는 것에 공감할 수 있었고, 다양한 문제와 갈등 속에서도 주님의 음성을 듣고 한 걸음씩 나아가는 것이 대단히 중요하다고 생각하였다.

일 년간의 목회를 되돌아보면서 많이 달라진 일본인 동기생의 모습과 자신의 모습이 비교되었다. 여전히 굳게 닫혀 있는 현실의 문은 좀처럼 열릴 기미가 보이지 않는다. 나는 언제쯤 제대로 목회를 할 수 있을지, 본격적으로 일본선교를 할 수 있을지 답답하기만 하다. 바라는 일들이 이루어지지 않아서 마음이 상해서 낙심하기 일쑤였다.

'나는 왜 이런 모습일까?'
'상황과 관계에 왜 이렇게 휘둘리는 것일까?'
'정말 주님의 뜻대로 선교할 수 있을 것인가?'

매일의 삶을 적극적이며 살면서 주위환경과 상황을 주도적으로 만들어 가면 좋으련만. 생각처럼 살아내지 못하는 모습에 낙심만 된다. 때로는 영적인 침체로 고통을 겪기도 하고 무기력에 허덕이기도 한다. 그러나 이런 모습과 관계없이 나를 사랑하시는 주님을 묵묵히 바라본다. 주님은 선

교의 열매와 결과는 나에게 있다는 것이 아니며, 주님의 때
와 방법으로 인도하신다고 말씀하신다. 단지 내가 해야 할
일은 주님 앞에 그대로 서 있으라는 것이다. 주님이 주신 말
씀을 붙잡고 말이다.

**그 사람들은 거기에서 떠나서 소돔으로 갔으나, 아브라함
은 주님 앞에 그대로 서 있었다.**(새 번역 창세기 18:22)

03

절망에서 시작되는 감사

🪶 절망에서 시작되는 감사

종종 어둡고 음침한 골목길이나 아무도 없는 길로 다닐 때가 있다.

누군가가 나를 조용히 지켜보고 있는 것 같고, 바람에 나풀거리는 나뭇가지나 어떤 물건의 형체에 깜짝 놀랄 때가 있었다. '지금까지 지내온 것'이라는 찬양을 부르지만, 솔직한 심정은 두려움으로 가득하였다. 어둡고 음침한 길을 빨리 지나고 싶었다.

요즘도 가뜩이나 고달픈 일상생활로 인해서 몹시 지쳐있고, 어떠한 주님의 임재를 느끼지 못해서 마음이 불안하고 괴롭기만 하다. 혹시 주님이 나를 버리셨는가. 다시는 나에게 은혜를 베풀지 않는건가. 나의 죄와 잘못으로 주님이 진노하고 계시는 건 아닌가라는 생각에 답답하기만 하였다. 마치 영혼의 어두운 밤을 걷고 있는 듯했다.

이루 다 헤아릴 수도 없이 많은 재앙이 나를 에워싸고, 나

의 죄가 나를 덮쳤습니다. 눈앞이 캄캄합니다. 나의 죄가 내 머리털보다도 더 많기에, 내가 낙심하였습니다.(새 번역 시편 40:12)

'영혼의 어두운 밤'

문득 어느 목사님의 설교 제목이 생각이 났다.

거기서 영혼의 어두운 밤에 관해서 설명하고 있었다. 이 용어는 16세기 수도사, 십자가의 성 요한이 쓴 책 제목에서 유래하였다. 당시 그는 개혁을 반대하는 수도사들에게 납치돼 톨레도 수도원에 11개월간 감금된다. 독방에 있던 그는 벽 틈으로 들어오는 가느다란 빛줄기를 제외하고는 온통 어둠 속에 지냈다. 그는 이때의 영적 체험을 글로 남겼는데, 감옥 생활의 고통 대신 어두운 밤을 통해 한 영혼이 어떻게 하나님과 친밀해질 수 있는가를 표현했다.

영혼의 어두운 밤은 한 사람이 주님과의 친밀한 관계를 맺기 위해 반드시 통과해야 하는 외롭고 쓸쓸한 순간이라는 것을 깨닫게 되었다. 따라서 어두운 것이 결코 부정적이고 나쁜 것만을 의미하지는 않고, 주님은 자신이 얼마나 보잘것없고 부족하고 연약한 존재인지 오직 주님만의 의지하게 되는 순간이었다.

만약 주님에 대한 기대와 희망이 없다면 감사하지 않을 것이다.

오히려 주님에 대한 기대와 희망이 있기에 감사하는 것이다. 비록 지금은 영혼의 어두운 밤을 지나고 있지만, 감사해야 할 이유는 분명하였다. 그것은 주님만을 더욱더 의지하고, 온전히 신뢰할 수 있기 때문이다. 이것이 믿어진다면 어떤 상황과 환경에서도 감사하며 기뻐할 수 있을 것이다.

나는 불쌍하고 가난하지만, 주님, 나를 생각하여 주십시오.
주님은 나를 돕는 분이시요. 나를 건져 주는 분이시니, 나
의 하나님, 지체하지 말아 주십시오.(새 번역 시편 40:17)

🪶 한계와 제한에 대한 감사

자신의 한계에 부딪히면 좌절하기 쉽고 제한된 상황에 있다 보면 그 틀을 벗어던지고 싶어진다. 특히 선교일기를 쓰지 않거나 소홀히 할 때면 마음이 개운하지 않고, 꺼림칙한 느낌이 든다. 사실 이것보다 더 급하고 중요한 일들이 많은데, 써도 되고 안 써도 되는 선교일기에 대한 암묵적인 부담감이 불편하기만 하였다.

'과연 언제까지 지속할 수 있을까?'

'이런 경건의 훈련이 왜 이렇게 힘든가?'

'매일 이렇게까지 일기를 쓸 필요가 있는가?'

매일 말씀 묵상하고 선교일기를 쓰는 것은 결코 간단한 일이 아니다.

무슨 말을 어떻게 적어야 할지 막막할 때도 있고, 적절한 단어가 생각나지 않아서 답답할 때가 많았다. 솔직히 이런 자신의 한계와 제한된 환경에서 자유로워지고 싶다.

그 이외에도 자신의 한계와 제한된 상황들이 많다.

특히 일본생활과 문화에서 겪는 어려움은 숨 막힐 때가 있다. 반드시 어떠한 형식과 매뉴얼을 따라야 하며, 튀는 행동을 하면 암묵적인 경고를 듣는다. 아무도 없는 곳으로 도망가고 싶지만, 현실은 달라진 것이 없고 무게감은 더 크다. 그러나 이것들은 내 고집대로, 욕심대로, 생각대로 하지 못하게 하며 늘 자신의 한계를 느끼면서 주님의 은혜를 간구하게 되었다.

특히 선교 일기를 통해 '효율'보다는 주님의 뜻이 무엇인지, '방법'보다는 주님의 인도하심이 무엇인지 간절하게 기도하게 되었고 자신만만했던 마음도 주님 앞에 겸손하게 되었다.

자신의 한계와 제한된 환경은 더욱더 주님을 바라보게 하는 도구였던 것이다.

우리가 여러분에게까지 다다른 것도, 하나님께서 우리에게 정하여 주신 한계 안에서 된 일입니다.(새 번역 고린도후서 10:13)

🪶 굿 이너프 마더

얼마 전에 아내가 아이의 밥을 먹여 주는데 갑자기 눈물을 흘렸다.

말씀을 보고 묵상하고 있었던 나는, 그런 아내의 모습에 침묵하면서 바라볼 수밖에 없었다. 왜 갑자기 울었는지 물어보고 싶었지만 물어볼 용기가 생기지 않았다.

아이가 밥을 먹지 않고 떼를 쓰는 모습에 대한 좌절감일까. 효율 없고 무책임한 남편에 대한 원망에서 흘린 눈물일까. 아마도 복합적인 눈물이라는 생각이 들어서 잠잠히 입술을 굳게 닫고 침묵하였지만, 온종일 내 마음이 불편하였다.

복잡한 환경과 상황 속에서 논리적인 생각과 달변도 그렇게 필요하다고 느껴지지 않는다. 이런 처지와 사정들이 나를 낮아지게 만드는 것 같다. 주님은 내가 자신의 상황을 완

일본 선교사

전히 통제할 수 없다는 사실을 상기시켜 주셨다.

정말로 주님의 뜻대로 살고 싶지만 힘들고 어려운 일만 생긴다.

하나님은 나의 모든 것을 아시고, 필요한 것을 채워주시는 분인데, 내 형편과 상황은 좀처럼 나아지지 않아서 탄식이 나온다.

'아버지. 나에게 왜 이러시나요?'

아동의 정서발달의 관련된 서적을 출간한 도널드 위니캇의 「충분히 좋은 엄마」을 보면, 그가 평생 동안 6만 쌍에 달하는 아이와 엄마의 상호작용 사례를 관찰하면서 적절하기만 해도 충분히 좋은 엄마라는 결론을 내린다.

"좋은 엄마는 지나치게 완벽한 엄마도 아니고, 적절히 좌절도 제공하면서도, 반응하기보다는 존재하는 엄마의 역할을 하는 것을 의미한다."

또한 권경인 작가의 「엄마가 늘 여기 있을게」에서는 퍼펙트 마더와 굿 이너프 마더의 비유에 대한 설명이 나온다.

"아무리 좋은 이론을 많이 습득하고 거기에 맞춰 아이를 키우려 노력해도 아이를 완벽하게 키우는 것은 불가능하다. 인간을 완벽하게, 또 완전하게 키운다는 것을 어떤 기준에서 바라보아야 할까. 양육의 가장 중요한 원칙은 아이가 태어나서 자기 본연의 모습을 가지고 자기를 존중하는 자연스러운 인간으로 성장하게 돕는 일이다."

'굿 이너프 마더'

순간 하나님은 나의 모든 것을 아시고 모든 것을 채워주실 수 있지만, 지나치게 완벽한 것을 요구하는 것이 아니라 적절한 좌절과 실패의 길을 인도하시면서도 늘 나와 함께 존재하고 계시는 분을 깨닫게 해주셨다. 나를 존중하면서 바르게 성장하고 돕고 계셨다. 따라서 내 안에 계신 예수님을 바라본다면, 어떤 상황 속에서도 자족하는 방법을 알려주실 것이다. 이런 주님이 늘 나와 함께 하신다는 것이 믿어지는 것에 감사가 되었다.

🪶 주님의 도우심과 낮추심

지난주에는 딸아이가 열이 나고, 아내의 몸 상태도 좋지 않았다.

나도 비염과 결막염으로 시름시름 하다 보니 삶을 믿음으로 살아낼 실력 없는 모습에 깊은 탄식이 나왔다. 현실과 상황의 높은 파도 속에 휩쓸리지 않으려고 발버둥을 쳐보지만, 내심 기대하고 바랬던 일들이 사라지고 억울한 감정만 커져갔다. 순간 누군가의 탓을 하고 싶다는 감정마저 들었다.

'내가 왜 이러는 건가? 이러면 안 되는데..'

오전부터 저녁까지 일에 매여서 살다 보니, 일본선교에 대한 마음과 준비도 점점 희미해져 가는 것이 느껴지는 요즘이었다. 이런 모습에 괴로워하고 있을 때, 선교 후원해주시는 분에게 갑자기 연락이 왔다.

"사모님과 딸아이를 꼭 데리고 오세요!"

우리 가정을 바비큐 파티에 초대하였다.

그러나 딸아이는 고열로 아팠고, 아내의 컨디션도 좋지 않았다. 어쩔 수 없이 혼자 가야만 했는데 그 발걸음이 매우 무거웠다. 성도들과 함께 음식 준비를 도우려고 하는데 그냥 앉아 있으라고 한다. 그리고 목사님과 한 테이블에서 정성스럽게 요리를 차려주셨지만 이런 대접이 왠지 부담스럽고 불편하였다.

'제대로 선교활동도 하지 않고 아등바등 사는데, 이런 대접을 받아도 괜찮을까?'

복잡한 심경으로 묵묵히 밥을 먹고 있는데, 목사님은 다음과 같은 말을 들려주었다.

"선교사님! 어느 성도분이 매월 집세를 감당하시겠다고 합니다. 그리고 폐암에 걸린 성도분은 매월 딸아이의 기저귀 값을 헌금하겠다고 합니다."

그래서 나는 이렇게 대답하였다.

"목사님! 저희 가정을 생각해주셔서 정말 감사합니다. 저도 일을 하기 시작해서 생활비를 벌고 있으니 괜찮습니다. 그 마음만으로 충분합니다."

그러자 목사님은 "실은 이분들도 생활이 넉넉해서 선교헌금을 하는 것은 아닙니다. 단지 주님이 주시는 마음으로 하는데 어떻게 말릴 수 있겠습니까?"

순간, 마치 머리에 망치를 치는 듯한 충격을 받았다.
주님이 우리 가정을 도우신다는 확신이 들었다. 비록 공동현관과 좁은 마당이 있는 곳, 이름도 얼굴도 잘 모르는 분들이 함께 사는 셋방살이지만, 난방이 되고 뜨거운 물이 나오는 것만으로도 감사가 되었다.

그러나 주님은 돈의 중요성과 필요성을 피부로 와닿는 생활 속에서 내 힘과 실력으로 아등바등 살아가려는 고집과 교만함을 지적하셨다. 믿음과 현실의 외줄 타기를 하지 말고 오직 말씀에 따라 일본선교를 하라고 하셨다. 주님은 여러 상황을 통해 나를 낮추시지만, 주님의 도우심을 통해 신뢰하는 방법을 배우게 하셨다. 오직 하나님의 말씀으로 말이다.

주님께서 당신들을 낮추시고 굶기시다가, 당신들도 알지 못하고 당신들의 조상도 알지 못하는 만나를 먹이셨는데, 이것은 사람이 먹는 것으로만 사는 것이 아니라 주님의 입에서 나오는 모든 말씀으로 산다는 것을 당신들에게 알려 주시려는 것이었습니다.(새 번역 신명기 8:3)

🪶 예기치 못한 기쁨

오늘도 새벽에 눈이 뜨여졌는데 바로 일어나지 못했다.

육신의 한계가 느끼지만 습관에 따라 한적한 곳으로 가서 산책하였다. 서늘한 날씨지만 그렇게 춥지는 않았다. 지저

귀는 새들의 소리, 떠오르는 햇살에 몸과 마음이 따뜻해졌
다. 예기치 못한 기쁨에 주님께 감사의 고백을 하였다.

예기치 못한 기쁨을 깨닫는 것은 낙관주의와는 다르다고
생각한다.

"고난 뒤에는 반드시 행복할 거야!"
"그 상처가 아물면 더 성장할 거야!"
"언젠가는 좋은 일이 있을 테니 힘내!"

이런 이야기들이 맞는 말일 수도 있다.
그러나 예기치 못하는 기쁨은 이런 말들과 다르다고 믿는
다. 단지 생각과 태도가 긍정적으로 바뀌는 것을 의미하는
것이 아니며, 현실적이며 합리적인 삶 속에서 누릴 수 있는
느낌이나 감정도 아니다.

예기치 못하는 기쁨은 모든 어둠보다 주님의 거룩한 빛이
더 현실적으로 다가오고, 어떤 사람의 위로보다 주님의 신
실한 말씀이 더 힘이 있다고 믿어지는 것이다. 그리고 어떠
한 낙심과 좌절보다 주님의 은혜를 깨닫고 감사의 고백을
하는 것이다.

오늘 아침 해가 떠오르는 모습을 보며, 어제도 오늘도 내

일도 변함없는 주님의 사랑과 은혜에 감사의 고백을 하였다. 변함없는 주님의 말씀과 사랑에 내 영혼에 큰 은혜와 만족감이 넘쳐흘렀다. 예기치 못한 기쁨이 내 영혼에 감동을 주는구나!

내가 주님을 의지하니, 아침마다 주님의 변함없는 사랑의 말씀을 듣게 해주십시오. 내 영혼이 주님께 의지하니, 내가 가야 할 길을 알려주십시오.(새 번역 시편 143:8)

04

일본선교의 한줄기의 빛 ━━━━━━━━━━━━━━━━━━

❦ 물려받은 것을 물려주어라.

개신교는 매년 10월 31일을 종교개혁기념일로 정하고
있다.

이 종교개혁은 1517년 10월 31일에 마르틴 루터가 로마
카톨릭의 교리와 가르침을 비판하며 95개의 반박문을 내걸
며 오직 성경, 오직 그리스도, 오직 은혜, 오직 믿음, 오직
하나님께 영광이라는 가르침을 물려주었다.

지금 다니고 있는 도쿄 기독교대학에서도 같은 날이 창립
기념일이다.

매년 똑같은 분위기와 형식으로 예배와 강연으로 진행하
고 있기에 나에겐 별다른 감흥이 없었지만, 올해만큼은 달
랐다. 2017년 10월 24일에 미국 출장 중이셨던 '코바야시
다카노리(小林高德)' 학장님이 소천하셨기 때문이다. 그래서
해야 할 일을 잠시 멈추고 진지하고 무거운 마음으로 기념
일을 참석하게 되었다.

올해 창립기념 예배 때에는 '야마토 쇼헤이(大和昌平)' 교수님이 「물려받은 것을 물려주어라.」 제목으로 설교하셨다. 그 설교 중에 가장 내 마음에 울렸던 한 대목이 있었다.

"우리는 코바야시 학장님에게 물려받은 것이 있다면 무엇일까요? 각자에게 그 바통을 전해 주었을 것입니다. 앞으로 여러분들은 어떻게 하실 것인가요?"

문득 코바야시 학장님과의 여러 추억을 떠올려 보았다.
함께 바비큐를 먹기도 하였고, 학내를 거닐면서 함께 이야기도 하였다. 언제나 웃는 얼굴과 상냥한 목소리로 대해 주셨다. 그분의 말투는 일방적이거나 권위적이지 않았다. 종종 신학 수업 중에 논쟁도 있었지만, 내 생각과 의견을 부정하거나 비판하지 않았다. 늘 우리 신학교는 일본선교의 등불이라고 말씀하시면서 일본선교에 대한 희망을 나누어 주셨다.

'그분이 나에게 물려주고 간 것이 무엇이었을까?'

일본은 복음에 척박한 땅이지만, 끊임없이 땀과 눈물을 흘리며 일본선교를 위해 헌신하는 무명의 사람들이 있다는 것이다. 빛도 없이 이름도 없이 일본선교를 위해 수고하고 헌신했던 코바야시 학장님의 모습 속에 일본선교에 대한 뜻이 전해졌다. 이제는 일본선교의 바통을 건네받은 한 사람으로서 일본선교의 희망과 비전을 누군가에 전해줘야 할 사명에 벌써부터 가슴이 뛰었다.

🪶 일본 전도대회

얼마 전에 고베에서 열리는 '일본 전도대회'에 참석하였다.

이 전도대회는 1974년에 일본의 복음주의 교회와 교단이 연합해서 개최되었는데, 올해는 약 2,000여 명의 일본인 목회자들과 외국인 선교사, 신학생들이 한자리에 모였다. 이 전도대회의 목적은 일본선교를 위해 활동하고 있는 각양각색의 사역을 공유하고 교제를 나누는 것이었다. 각각 배정된 교제 테이블에 앉아 있는데, 옆에 계신 목회자가 다음과 같이 말씀하셨다.

"서로가 잘 알지 못하지만 이렇게 예수 그리스도의 이름으로 한자리에 모여 함께 교제할 수 있다는 것이 너무 놀랍고 행복해요. 이렇게 많은 사람들이 일본선교를 위해 헌신하고 있다는 것에 큰 위로와 격려를 받네요."

나도 그랬다. 외롭고 고독하기만 했던 일본선교에 이렇게 많은 사람들이 함께 동역하고 있다는 사실에 놀라웠다. 이 런저런 이야기를 나누다 보면 "혹시 아무개를 아시나요?", "네 잘 알고 있는데 어떻게 그분을 아세요?"라고 하면서 아무개를 중심으로 신앙과 정서적인 공유를 더 깊이 나눌 수 있었다.

특히 사람들과 교제를 나누다 보면 복음으로 삶이 바뀐 간증을 들었다.

정말 복음은 놀라운 파워가 있구나라는 것을 실감하였다. 이 복음은 개인의 삶에 엄청난 영향을 주었다면 일본교회는 이 복음을 어떻게 해야 하는가는 생각이 들었다. 사실 일본 교회는 약하고 힘이 없지만, 국가와 사회문제에 적극적으로 참여하고 있었다. 이번 전도대회 때, 존 스토트의 후계자인 크리스토퍼 라이트 박사가 다음과 같이 이야기하였다.

"하나님은 바빌론 포로를 잡혀 온 이스라엘 백성에게 바빌론의 평안과 번영을 위해서 기도하라고 하였습니다. 자기 민족을 죽인 원수, 자신들을 포로로 잡아 온 그들을 위해 기도하라는 것인데, 이 말씀은 약하고 힘이 없는 그들에게 너무 어처구니없는 말씀이었습니다. 그러나 그들은 말씀에 순종하여 기도하면서 국가와 사회문제에 대해 적극적으로 참여합니다.

비록 자신의 세대 때의 포로 생활이 끝나지 않았지만, 70년이 지난 뒤에 그들은 이 말씀의 의미가 무엇인지 깨닫게 되었습니다. 마찬가지로 일본교회는 약하고 힘이 없지만, 사회와 국가를 위해 기도하고 여러 문제에 동참해야 합니다. 그럼 여러분들의 세대가 아니더라도 일본 전국 방방곡곡에 그리스도의 교회가 세워질 것입니다. 하나님의 말씀은 반드시 이루어집니다."

복음의 시점이 확대되는 순간이었다. 복음은 실제적이며, 우주적이다.

복음이 내 개인적인 삶에 엄청난 영향을 미쳤다면, 일본교회를 통해서도 일본 사회 속에서도 엄청난 영향을 미치게 될 것이다. 여전히 영적 불모지와도 같은 일본 땅에 복음의 씨앗이 뿌려지더라도 눈에 보이는 열매가 없고, 힘들고 우울할 때가 있다. 그러나 복음의 엄청난 능력을 믿어진다면, 일본선교의 희망이 있다고 생각하였다.

🖋 광야의 길에서 오직 말씀에 의지한다.

어느 일본교회에서 14년간 타이완에서 선교하다가 귀국한 일본인 선교사님의 고별 설교를 듣게 되었다. 그분의 이름은 '사이토우 이소미(斉藤五十三)' 선교사님였다.

타이완 선교사로서 마지막 설교이다 보니, 모세가 이스라엘 민족에게 전한 마지막 설교인 신명기의 말씀으로 함께 은혜를 나누어 주셨다. 모세의 마지막 유언이기에 가장 중요한 말을 하게 된다. 그래서 유언은 누구나 진지하게 듣게 되는 것이다. 하나님이 이스라엘 민족에게 광야의 길에서 걷게 하신 이유는 무엇인가! 그들이 그것을 어떻게 기억하고 받아들여야 하는지 전해주셨다. 그 메시지의 핵심은 다음과 같다.

"주님이 우리를 광야의 길을 걷게 하신 이유를 다 설명할 수는 없습니다. 그러나 주님이 광야의 길을 걷게 하는 목적은 우리의 마음이 어떠한지 시험하고 단련시키기 위해서입니다. 사람은 광야에서 주님을 진정으로 알게 되기 때문입니다.

저는 타이완 선교사로 파송되었지만, 2년째가 되던 때에 불면증과 위궤양으로 인해 현지 적응이 어렵다는 진단을 받았습니다. 그래서 당시 언어를 배우는 학교도 가지 못했습니다. 선교사의 세계에서도 등교하지 않을 때가 있습니다. 그때의 심경은 이루 말 할 수 없이 괴롭고 비참하였습니다.

그러나 주님은 14년간 타이완에서 선교하도록 인도해 주었습니다. 그 시간을 되돌아보니, 모든 것이 주님의 은혜와 감사로 바뀌어 있었습니다. 비록 우리가 걷는 광야의 길의 이유를 모를 수도 있겠지만, 그곳에서 비로소 주님을 만나게 됩니다. 그리고 주님은 오직 말씀에 따라 살 것을 알려주실 것입니다."

이스라엘이 차지할 아름다운 땅, 가나안 땅을 눈앞에 둔 모세의 심정을 이렇게까지 가슴 깊게 전한 메시지를 듣게 돼서 정말 감사하였다. 아마도 나에게 잊혀지질 않는 설교로 기억되었다. 언젠가 나도 선교사로서 마지막 설교를 할 때, 사이토우 선교사님이 전해주신 신명기의 말씀으로 설교를 하고 싶어진다.

메시지가 끝난 뒤, 사이토우 선교사님에게 기도를 받기 위해 앞으로 나아갔다.

14년간 일본생활을 하는 나에게, 14년간 타이완 선교사역을 마치고 돌아온 그분에게 선교의 바통을 건네받은 느낌이었다. 지금도 앞으로 겪게 되는 일이 어떤 건지 잘 모르겠다. 그냥 알고 싶은 마음도 없지만 예상되고 생각되는 것만 기도할 뿐이다. 단지 나란 사람은 여전히 복잡한 현실적인 상황과 관계 속에서 이리저리 흔들리고 무너지는 사람이라는 것을 잘 알고 있다.

그러나 내 뜻과 꿈을 내려놓고 세상 어디 의지할 곳이 없는 광야의 길에서 오직 하나님의 말씀으로 살아갈 것과 일본선교를 감당하겠다고 결단하였다. 순간 내 마음에 일본선교의 한 줄기 빛이 환하게 비취는 것을 느낄 수가 있었다.

🖋 일본선교의 동역자

일본의 키타규슈(北九州)에 올 때마다 가장 먼저 떠오르는 분이 있다. 지금은 일본 교회를 담당하고 있는 목회자이다. 이분은 한국에서 미식축구의 코치로 활동하다가 일본으로 유학을 왔을 때 전도하게 되었다. 나보다 나이가 3살이 많았지만, 오랫동안 운동을 해서인지 정중하고 예의 있게 대해 주었다.

그러나 예수님을 믿는 사람에 대한 염증과 회의감으로 크리스천에게 매우 비호감이었다. 자신이 대학생일 때 크리스천이었던 교수의 막말과 무책임한 행동에 큰 실망을 하였기 때문이었다. 그래서 나를 만나서 복음을 전했으니 얼마나 싫었겠는가. 그러나 주님의 한량없는 은혜와 사랑으로 그 마음 문을 열어주셔서 세례를 받고 예수님을 영접하였다.

오랫동안 숙소에서 함께 먹고 자면서 섬겼는데, 때로는 내 속옷을 빌려 쓰기도 할 만큼 허물없이 지낸 관계가 되었다. 그리고 꾸준한 제자훈련을 통해 신앙이 성장하면서 지금은 목회자로 일본선교를 하고 있다. 이분을 통해 복음으로 영혼이 바뀌고 말씀으로 신앙성장을 한다는 것이 얼마나 큰 기쁨인 것을 알게 되었다.

우리 주 예수께서 오실 때에, 그분 앞에서, 우리의 희망이나 기쁨이나 자랑할 면류관이 무엇이겠습니까? 그것은 여러분이 아니겠습니까?(새 번역 데살로니가전서 2:19)

예전에 지하철역에서 함께 전도했던 것처럼, 교회 청년들과 선교팀과 함께 노방전도를 하고 있었다. 사실 일본에서의 노방전도는 열매 맺기가 매우 힘들다. 거의 0%라고 생각하시는 분들도 많다. 아무리 전도지를 뿌리고 노방전도를 해도 교회로 와서 신자가 되는 것이 어렵다는 것이다.

지금까지 역이나 캠퍼스, 거리에서 많은 시간동안 전도를 하였지만, 열매 맺은 것은 극히 일부분이었다. 그러나 전도는 사명이고 열매는 하나님이 맺어주시는 거라고 했던가. 일본선교를 위해 땀과 눈물로 꿋꿋이 전도하고 있는 분들이 있다는 사실에 큰 위로와 도전을 받는다.

그분이 나를 보자마자 대뜸 이런 말을 하였다.

"이분이 저의 쌤이었습니다! 저랑 닮지 않았나요?"

사람 두 배만한 큰 덩치에 투박한 말투로 나를 소개해주 었다.

비록 1년 만에 짧은 만남을 가졌지만, 간단한 악수와 눈빛 교환만으로도 충분하였다. 일본선교를 위해 그분이 어떤 삶 을 살고 있는지 전해졌기 때문이었다.

서로가 일본선교를 위해 성실하고 정직하게 살았다는 것 만큼은 확신하였다. 이렇게 영혼구원을 위해 함께 동역할 수 있는 사람이 있는 한, 일본선교의 희망과 가능성이 있을 것이다.

이 사람들만이 하나님의 나라를 위하여 일하는 나의 동역 자들이요, 나에게 위로가 되어 준 사람들입니다.(새 번역 골로 새서 4:11)

🪶 주님의 사랑을 함께 나누다.

아내의 친정집에서 새해를 보낼 수 있었다.

흩어진 가족들이 함께 모여 밥을 먹고 이런저런 이야기를 나누었다. 예전보다 한결 편안한 느낌으로 맞아주셔서 따뜻함과 포근함이 전해졌다. 그 어느 때보다 '나가노의 소바'가 맛있는 이유가 여기에 있다는 생각이 들었다. 그리고 오래된 황동 주전자에서 우려낸 따뜻한 오차의 맛과 향기도 지난날의 피곤함이 녹이기에 충분하였다.

아내의 친정 가족들은 예수님을 믿지 않고 있었지만 교회와 기독교인에 대해 좋은 이미지를 가지고 있다. 비록 교회 예배를 참석하는 것에 대해 부담감이 있지만, 거부감은 들지 않는다고 한다. 나와 아내는 늘 가족 구원을 위해 기도하면서 틈틈이 우리들의 선교 소식을 함께 공유하고 있었다.

얼마 전에 성경 말씀을 묵상하는데 주님이 '새해에 가족들과 함께 가정예배를 드리면 어때?' 라고 말씀하셨다. 사실 아내의 가족들은 찬양이 무엇인지 기도를 어떻게 해야 하며 두꺼운 성경에 무슨 내용이 적혀있는지 잘 모른다. 자칫 잘못하면 그동안 쌓인 신뢰 관계에 금이 갈 수도 있다는 생각이 들었다.

그러나 주님이 주신 말씀은 분명했기에 아내에게 그 마음을 나누면서 함께 기도하였다. 처음으로 장인어른에게 새해 가정예배를 드리는 것을 제안하였는데, 흔쾌히 승낙해 주셨다. 성경의 핵심인 하나님의 사랑과 비전에 대해 함께 나누었다.

그 말씀을 들은 뒤에 장모님과 아내의 언니에게 예기치 못한 답장이 왔다.

"진실한 사랑으로 상대방을 기쁘게 해줄 수 있다면 그 사랑을 받아들이고 싶구나!"

"아낌없이 주는 것이 사랑이라면, 그 사랑을 통해 가족을 섬기고 싶어지네요!"

비록 짧은 문자였지만 가족구원에 대한 한 줄기의 빛을 보게 되었다.

동시에 한량없는 십자가의 사랑이 나에게도 전해졌고 막막했던 일본선교에 대한 희망을 바라보게 되었다.

- 이 모든 것 주님이 하셨습니다!